공부 시간 1초도 안 늘리고 대학, 직장을 바꾸는 공부법

8등급 꼴찌, 수석 졸업하게 된 9가지 공부 비결

프롤로그

이 책의 메시지를 한 문장으로 요약하면 다음과 같다.

"공부 시간 1초도 안 늘리고 50등 올리는 법"

이 책은 100등인 당신을 1등으로 만들어주지 못한다.

그것은 내 능력 밖이다. 그런 마법을 원했다면, 책을 잘못 집어 들었다. 다른 사람을 위해 지금 책을 내려놓길 바란다.

하지만 이 책은 100등인 당신을 50등으로 만들어 줄 것이다. 공부 시간을 1초도 늘리지 않고도 말이다.
허황된 이야기라고 생각할지도 모르겠다. 과거의 나도 그랬으니까. 공부 잘하는 유일한 방법은 '열심히 하는 것'이라고 생각했다.

당신의 생각을 바꿀 한 가지 퀴즈를 내겠다.

카페에 공부하러 갈 때 어느 자리에 앉는 게 공부에 가장 도움이 될까?

1. 앞이 막힌 자리
2. 뒤가 막힌 자리
3. 옆이 막힌 자리

정답은 2. 뒤가 막힌 자리 이다.

사람은 뒤가 뚫려있는 자리에 앉으면 심리적으로 불안감을 느낀다. 특히 뒤에 누군가가 있다면 그 불안감은 커진다. 뒤가 막혀있는 자리에 앉아야, 심리적 안전감을 느낄 수 있고, 공부에 집중할 수 있다.

사람은 앞이 막혀있는 자리에 앉으면 이 역시도 불안감을 느껴서 공부에 집중할 수 없다. 앞이 뚫려있는 자리에 앉아야, 안전감을 느끼고 공부에 집중할 수 있다.

왜 갑자기 이런 퀴즈를 냈을까? 공부를 잘하는 것과 무슨 관련이 있을까?

'자리선정' 이야기는 당신이 알아야 할 공부 효율을 높이는 방법 중 한 가지이다.

오늘 이후로 당신은 카페에 공부하러 갈 때, 뒤가 막혀 있는 자리를 선택할 확률이 높아질 것이다. 앞이 막혀 있는 자리는 피할 확률이 높아질 것이다.

이렇게 하나의 공부법 지식은 당신의 의사결정을 바꾼다. 이 지식으로 당신의 공부 효율성은 미미하게 증가할 것이다.

그런데 만약 당신의 10가지 의사결정이 바뀐다면, 공부 효율성은 얼마나 증가할까? 100가지 의사결정이 바뀐다면 어떨까?

남들이 3시간만에 소화할 공부양을 1시간 만에 해치워버리는 괴물이 될 것이다. 4시간 공부하고도 12시간 공부하는 사람을 이길 수 있을 것이다. 그렇게 세이브된 8시간은 마음대로 쓸 수 있다. 공부를 더 해도 되고 놀아도 된다.

이 책은 당신의 공부 효율을 획기적으로 높이는 9가지 비결을 담고 있다. 이 지식들을 읽어두기만 하면, 당신의 의사결정이 바뀌게 될 것이고, 공부 효율성이 높아질 것이다. 하루에 4시간만 공부하면서도 8시간 공부하는 사람을 이길 수 있을 것이다.

사실 이 책은 고등학교 시절 내게 보여주고 싶은 마음에 쓰는 것도 있다. 내 고등학교 시절은 암울했다. 하루 12시간을 공부해도, 하루 6시간 공부하는 사람을 이길 수 없었다.

　하지만 이 지식을 알고 나서 인생이 바뀌었다. 놀면서도 대학교를 수석으로 졸업할 수 있었고, 영포자에서 6개월 만에 토익 만점을 받을 수 있었다. 또한 치과의사, 회사 CEO와 같은 똑똑한 사람들을 대상으로 공부법 컨설팅을 할 수 있었다. 그리고 이렇게 공부법 책도 집필할 수 있었다.

　이 과정 속에서 피와 땀이 있었을까? 그렇지 않다. 단지 이 책의 내용을 배워서 남들보다 공부 효율을 3배 이상 높였을 뿐이다.

　나는 지금도 하루에 4시간 이상 일하지 않는다. 하루에 4시간 이상 공부하지 않는다. 나머지 시간에는 논다. 하지만 또래에 비해 성취 수준이 높고 돈도 많이 번다.

과거의 나와 지금의 나는 딱 한 가지 차이뿐이다. 이 책의 9가지 내용을 아느냐 모르느냐이다.

공부를 잘하기 위해 이 책에서 제시하는 모든 비결들을 실천할 필요는 없다. 몇 가지만 적용해도 효과를 보기 시작할 것이다.
일단 이 책을 한 번 읽어보기 바란다. 간단하게 설명하기 위해 세심한 주의를 기울인 보람이 있어, 내용에 비해 시간을 들이지 않고 읽을 수 있을 것이라고 생각한다. 각 장을 넘길 때마다 당신의 사고방식이 바뀌는 것을 느낄 수 있을 것이다.

또한, 나는 이 책을 당신이 구매해주길 바라는 마음으로 쓰지는 않았다. 당신에게는 이 책을 읽는 것이 인생을 변화시킬 만한 충격으로 작용하겠지만, 내 입장에서는 당신이 이 책을 사지 않는다 해도 달라질 것이 없다. 나는 지금까지 그래 왔던 것처럼 앞으로도 4시간 미만으로 일하면서 풍요로운 삶을 누리면 그뿐인 것이다.

그렇다면 내가 이 책을 쓴 이유는 무엇인가?

대답은 간단하다. 공부에 좌절한 사람들에게 도움의 손길을 건네고 싶었기 때문이다. 과거의 나는 미친 듯이 공부했음에도 불구하고 380등을 벗어나지 못했다. 공부를 열심히 하는데도 꼴찌를 하니까 답답했다.

이 책은 과거의 나처럼 공부에 좌절하고 있는 사람들을 위한 것이다. 이 책은 공부에 자신감을 잃은 사람들을 위한 자신감 회복서라고 할 수 있다.

10년 전 고등학교 3학년 시절, 내가 이 책을 읽었더라면 인생이 얼마나 달라졌을까 생각하곤 한다.

사람들이 공부로 그만 좌절했으면 한다. 공부 시간을 1초도 늘리지 않고 50등을 올리는 방법은 정말 너무나도 쉽다. 문제는 그 지식들을 아느냐 모르느냐이다.

모든 대단한 변화는 늘 그렇듯이 작은 계기에서 시작된다. 내게 그랬듯이 이 책이 당신의 공부 인생을 바꿔놓는 작은 계기가 되었으면 한다.

목차

프롤로그 ... 4

제1장 전교 꼴찌와 전교 1등, 그 차이는?
공부를 덜 하면서도 더 잘할 수 있는 간단한 원리

사람은 스토리를 통해 개념을 이해한다 ... 22
400명 중 200등 ... 22
3년 내내 380등을 벗어나지 못하다 ... 24
수면 시간을 줄인 결과 ... 27
모범생 대신 게임 랭커가 되다 ... 29
재수를 결심하다 ... 30
새로운 시작, 패기 넘치던 재수생 ... 31
뼈아픈 실패를 통해 얻은 교훈 ... 34
내 공부 인생을 바꿔놓은 단 한 권의 책 ... 35
4.42/4.5점 생애 처음으로 1등 하다 ... 37
공부 효율 100% 증가시키는 방법 ... 37
대부분의 공부법 책들이 효과가 없는 이유 ... 39
놀면서도 1등으로 졸업한 비결 ... 40
영포자에서 6개월 만에 토익 990점까지 ... 41
치과의사, 회사 CEO를 가르치다 ... 46
공부를 못하는 데에는 분명한 이유가 있다 ... 50
지금보다 2배 공부 잘하는 방법 ... 53

제2장 전교 1등의 뇌를 가지는 법
뇌를 업그레이드 시키기 '신경가소성'

1시간 30분 만에 당신의 인생을 바꿔볼게요	56
30세 이후로 정말 머리가 굳을까?	56
머리가 굳는다는 믿음이 끼치는 영향	57
'신경가소성':뇌는 쓰면 쓸수록 발달한다	58
공부한 내용을 까먹지 않는 방법	62
현재 머리가 안 좋다면 과거에 공부를 안 해서 그렇다	64
당신이 하고 있는 공부는 당신을 똑똑하게 한다	65
국어 5등급이 독서광이 된 비결	68

제3장 9시간 공부, 5시간 만에 끝내기 '인출'
남들보다 1.8배 뛰어나지기 '인출'

공부법 컨설팅 만족도 1위 '인출'	72
당신의 학습 방식은?	73
'맞춤형 학습방식'은 헛소리다	74
가장 효율적인 학습법-인출	75
기억은 연결되어 저장된다	77
시험을 보는 행위는 인출이다	81
왜 기억이 안 날까?	82

인출은 기억을 강화한다	84
인출은 두뇌 회전을 빠르게 한다	86
머리를 쥐어뜯을수록 좋다	88
1.8배 똑똑하게 만드는 인출	89
인출 방식vs인출 아닌 방식	91
인출의 단점:귀찮음	93
인출의 단점을 보완한 'A4 학습법'	94
A4 학습법의 5단계	95
A4 학습법은 객관식, 주관식, 서술형 시험에 모두 활용할 수 있다	101
공부를 당신의 느낌에 맡기지 말라	103

제4장 열정은 쓰레기다, 환경을 만들어라!
열정 없이도 누구나 하루 10시간 공부하는 방법

의지박약도 하루 10시간씩 공부하는 방법	106
의지력은 무한대가 아니다	107
의지력<환경 설정	109
공부를 못하는 사람은 자신의 의지력을 과신한다	110
의지력이 아닌 환경 설정을 믿어야 한다	111
환경 설정인 것vs환경 설정이 아닌 것	111
가장 강력한 환경 설정:스터디	113

스터디의 성공률은 50%에 불과하다	116
100% 성공하는 스터디의 특징1 : 강력한 벌금제도	117
100% 성공하는 스터디의 특징2 : 명확한 규칙	120
100% 성공하는 스터디의 특징3 : 명확한 공지	121
또 다른 강력한 환경 설정들	123
스마트폰 눈에 안 보이는 곳에 멀리 두기	124
비밀번호 'dkrkwlqm'로 바꾸기	126
친구에게 30만 원 보내기	128
사람들에게 선언하기	130
열정은 쓰레기다, 환경을 만들어라!	131

제5장 멀티태스킹을 하는 사람은 100% 공부를 잘할 수 없다
멀티태스킹만 안 해도 상위 10%가 될 수 있다

공부 효율을 2~3배 높여줄 챕터	134
멀티태스킹을 하는 사람들	134
멀티태스킹은 불가능하다	135
멀티태스킹은 공부 시간을 반토막 낸다	137
기억은 잘못 저장시키는 멀티태스킹	139
1%의 슈퍼 멀티태스커	140
멀티태스킹에 예외는 없다	141

멀티태스킹을 하는 사람은 절대 공부를 잘할 수 없다	142
스마트폰은 쉬는 시간에만 사용하라	144
멀티태스킹만 안 해도 상위 10%가 될 수 있다	147

제6장 아무도 알려주지 않는 멍때리기의 비밀
하루에 10분 투자하고 남들보다 앞서 나가는 방법

'멍때리지마!'	150
멍때리지 않으면 공부한 내용이 삭제된다	150
멍때리기의 역할: 기억 전송	152
멍때릴 때 뇌는 활성화된다	154
멍때리기 없는 공부는 삽질이다	154
어려운 공부 뒤에는 오래 멍때려야 한다	156
더 이상 집중이 안 되는데 붙잡고 있는 것은 미친 짓이다	157
멍때리기를 할 때 주의할 점	159
멍때리기 효과를 극대화시키는 세 가지 방법	160
10분 멍때리기가 미래를 바꾼다	162

제7장	**하루에 14시간씩 공부하는 괴물들의 비밀 '작은 계획'**	
	하루 4시간 공부로 목표를 이루는 방법	

3월 헬스장에 파리가 날리는 이유	164
계획을 못 지키는 건 당연한 것이다	165
계획을 짤 때 의지력>계획을 실행할 때 의지력	166
성공 데이터와 실패 데이터는 뇌에 쌓인다	168
작은 계획은 공부를 재미있게 만든다	169
하루 14시간 공부하는 괴물들은 작게 시작했다	170
공부를 잘하느냐 못하느냐는 성공 경험에 달려있다	172
하루 4시간으로 시작하라	174

제8장	**잠을 줄이는 것은 정신 나간 짓이다**	
	6시간씩 10일 자면 멍청이가 된다	

하루에 4시간 반만 자도 된다는 헛소리	178
"Can you sleep well?"	179
잠의 구조-렘수면과 비렘수면	181
잠은 피로회복 그 이상의 역할을 한다	183
비렘수면의 역할:장기기억 저장	184
렘수면의 역할:문제 해결	186
잠을 줄이면, 절대 공부를 잘할 수 없다	189

하루에 얼마나 자야 할까?	192
6시간씩 10일 자면 좀비가 된다	193
'나는 6시간만 자도 괜찮은데?'	194
6시간을 자고도 지장 없는 희귀한 유전자	196
공부할 시간이 부족한 건 잠을 자지 않아서다	196
잠을 충분히 자는 것만으로도 상위 15%가 된다	198

제9장 1400%의 투자 수익을 거두는 주1회 15분 운동
전교 1등이 운동을 하는 이유

전교 1등이 운동을 하는 이유	200
운동의 진짜 이점은 '뇌'에 있다	202
멍게는 자신의 뇌를 먹어 치운다	203
운동을 통해 성적을 올린 사례: 네이퍼빌 센트럴 고등학교	204
운동을 통해 성적을 올린 사례: 펜실베이니아 타이터스빌 학군	206
운동을 안 하는 건 엄청난 손해다	207
운동의 목적은 뇌 구조 개선이다	208
운동의 이점 1. 뇌에 원활하게 에너지 공급을 할 수 있다	209
운동의 이점 2. 공부하는 내용을 기억에 빠르게 저장할 수 있다	210
운동의 이점 3. 새로운 뇌세포를 생성할 수 있다	213
운동은 뇌를 똑똑하게 만든다	215

주 2회 15분으로 충분하다	216
운동을 하면 매년 312만 원을 공짜로 얻는다	217
과도한 운동은 공부를 망친다	218
최고의 운동 'HIIT'	221
주 7회 운동이 주 2회 운동보다 쉽다	224
운동할 시간이 없는 이유는 운동하지 않기 때문이다	227

제10장 스트레스는 이롭다!
2시간 만에 인생을 변화시킬 스트레스 이야기

스트레스는 좋다 vs 스트레스는 나쁘다	230
스트레스는 해롭다?	231
스트레스가 해롭다는 누명을 쓰게 된 배경	232
스트레스가 해롭다는 '믿음'이 해롭다	235
스트레스는 에너지를 공급해준다	239
스트레스가 해롭다고 믿을 때 발생하는 신체적 변화	241
스트레스 활용법: 시험 볼 때	242
스트레스 활용법: 발표 할 때	244
2시간 만에 인생을 변화시키는 방법	246
에필로그	248

| 감사의 말 | 258 |
| 참고문헌 | 260 |

제1장

전교 꼴찌와 전교 1등, 그 차이는?

공부를 덜 하면서도 더 잘할 수 있는 간단한 원리

사람은 스토리를 통해 개념을 이해한다

이 책에는 공부법에 관한 고급 정보만 넣으려고 애썼다. 그럼에도 불구하고 나의 '과거 스토리' 챕터를 굳이 넣은 이유는 두 가지이다.

1) 내가 했던 실수를 당신이 반복하지 말았으면 한다.
2) 사람은 스토리를 통해 배울 때, 더 깊게 이해할 수 있기 때문이다.

이번 챕터를 읽고 나면, 내가 얻은 교훈과 공부법에 대한 개념이 당신의 무의식 속에 자연스레 자리 잡게 될 것이다.

400명 중 200등

열네 살 때 중학교에 다니던 시절의 경험으로 이야기를 시작하려 한다. 내가 다니던 학교에는 크게 3가지 부류의 학생들이 있다.

1) 모범생
2) 평범한 학생
3) 노는 걸 좋아하는 학생

이 중 나는 2번에 속했다. 좀 더 정확히 말하자면 2번에서도 공부를 안 하는 쪽이었다. 수업 시간엔 칠판에 쓰인 글씨 대신 핸드폰의 문자를 봤고, 어머니의 성화로 다녔던 학원에선 숙제를 해 가지 않아서 손바닥 타작을 당하기 일쑤였다. 굳이 학원을 계속 다닌 이유는 친구들과 떠드는 게 재미있었기 때문이었다.

첫 중간고사에서 400명 중 200등을 했다. 공부 좀 해 본 사람이라면 형편없는 등수라는 것을 알 테지만 당시엔 '이 정도면 평균 아닌가?'라고 생각하며 태평하게 1, 2학년을 보냈다.

인생의 첫 터닝포인트는 중학교 2학년 말에 찾아왔다. 담임선생님께서 고교 입시에 대해 설명을 해주셨는데, 내 성적으로 갈 수 있는 고등학교가 평판이 좋지 않은 고등학교뿐이란 걸 알게 됐다. 그러자 이상하게도 지역 1위 고등학교(A고등학교라고 하겠다)에 가고 싶다는 욕망이 생겼고 아무리 못해도 2위 고등학교에는 가야겠다고 생각했다(나는 성적순으로 고등학교에 가야 하는 고교 비평준화 세대였다).

그런데 문제가 하나 있었다. 그건 바로 내 성적이 1, 2위 고등학교에 갈 수 있는 성적이 아니었다는 것이다.

1지망 고등학교에 A고등학교를 적는 것은, 리스크가 너무 큰 도박이었다. 탈락하면 지역 꼴찌 고등학교에 가야 하는 상황이 올 수도 있었기 때문이다. 하지만 선생님과 어머니의 만류에도 불구하고 나는 1지망란에 당당하게 A고등학교를 적었다.

중학교 3학년, 새 학기가 시작되고 나서 나는 공부를 열심히 하지 않으면 안됐다. A고등학교에 못 가면 내 인생은 암울할 것만 같았다. 어른들은 흔히 '공부가 인생의 전부가 아니다'라고 말하지만 학생 입장에선 당장 할 수 있는 게 공부밖에 없는데 어떻게 그 말만 믿고 안일하게 놀 수 있겠는가. 1, 2학년 때와는 다르게 수업 시간에 핸드폰 대신 칠판을

뚫어져라 쳐다보며 필기했고, 자습 시간에는 별 효과도 없는 이어 플러그를 끼는 등 유난을 떨며 공부를 했다.

유난을 떤 게 효과가 있었던 걸까? 3학년 1학기 중간고사에서 70등을 했다. 1, 2학년 때 내신을 망쳐놓은 상태라 여전히 A고등학교를 가기엔 불가능한 성적이었지만, 70등을 했다는 경험은 나에게 희망과 용기를 불어넣었다. 또한 남은 기간 내신 관리를 잘하고 고입 선발고사 시험을 만점 받으면 이론상으론 입학이 불가능해 보이지 않았다.

슬슬 다음 전개가 예상될 것이다. 당신의 예상대로 나는 A고등학교에 들어가기 위해 1년을 공부에 전념했고, 기적적으로 합격했다.

부모님의 축하를 받으며 A고등학교에 입학했다.

3년 내내 380등을 벗어나지 못하다

A고등학교의 분위기는 내가 다녔던 중학교와는 사뭇 달랐다. 중학교 때는 불량스러운 선배들이나 친구들이 꽤나 있었지만, A고등학교에는 그런 학생들이 거의 없었다. 빅뱅이 유행시킨 모히칸이나 바가지머리는 보이지 않았고, 교복을 12통 나팔 바지로 수선해서 입는 학생도 없었다.

수업 시간의 분위기도 180도 달랐다. 중학교 때는 수업 시간에 휴대폰을 만지고 떠드는 것이 일반적이고 열심히 수업을 듣는 것이 유별난 것이었는데, A고등학교에서 수업 시간에 휴대폰을 만지고 떠드는 것은 정신 나간 짓이었다.

친구 따라 강남 간다 했던가, 나도 자연스레 탄 친구들처럼 수업에 집중했고, 그렇게 행복한 학교 생활이 시작되는 듯했다.

불행하게도 이 행복은 1학년 중간고사 성적표가 나오던 날 깨졌다.

학년 석차 '380/400' 나는 성적표를 갈기갈기 찢어버렸다.

꼴찌라고 봐도 무방한 성적을 받은 이유는 무엇이었을까? 절대 공부를 안 해서가 아니었다. 난 고등학교에 올라와서 수업에 집중하는 것은 당연하고 예습, 복습, 숙제 모두 철저히 하는 학생이었다.

친구들이 풀고 있는 문제집을 보고 나서야 내가 간과했던 한 가지를 깨달았다. 그건 바로 내가 다녔던 중학교가 지역에서 제일 공부를 못했던 중학교였다는 것. 나는 중3 때 성적이 급상승한 나머지 타성에 젖어 다른 중학교 출신 친구들이 이미 고교 과정을 선행학습 했다는 것을 전혀 인지하지 못한 채로 남들이 하는 만큼만 공부해온 것이다.

기본 베이스가 다르니, 똑같이 공부해선 뒤처질 수밖에 없었다. 이미 선행학습을 한 친구들도 나만큼 열심히 하기 때문이었다.

무언가 해결책이 필요했다. 가정형편이 넉넉한 편은 아니었기에 전 과목 과외는 무리가 있었고, 대신 가성비가 좋다고 생각되는 방법 두 가지를 찾아냈다.

1. 수면시간 5시간으로 줄이기

　수면시간을 줄여야겠다고 결정한 이유는, 인터넷에서 본 어떤 글 때문이었다. 수면 시간에 관한 글이었는데, 그 글의 저자는 과학적인(?) 이유를 근거로 하루에 4시간 반만 자도 충분하다고 주장했다. 지금 그 글을 발견한다면 가차 없이 신고를 누르겠지만, 분별력이 없던 당시의 나는 그 내용을 그대로 믿었다(수면 시간에 관해선 '잠을 줄이는 것은 정신 나간 짓이다' 챕터에서 자세히 다룬다).

2. 수업 대신 인강 듣기

　학교 수업보다 스타 강사의 인강이 더 도움이 될 것 같았다. 하지만 학교 수업 시간에 PMP를 꺼내서 인강을 들을 순 없는 노릇이었다(그 당시엔 PMP라는 기기에 인강을 옮겨서 들었다).

　따라서 학교 수업 시간에는 자고 새벽에 인강을 듣는 기발한 아이디어를 떠올려냈다.

　그리고 바로 실행으로 옮겼다.

〈새로운 생활 패턴〉
1. 오후 10시, 하교 후, 집 앞 독서실로 향한다.
2. 새벽 공부를 위해 인스턴트 식품으로 배를 채운다.
3. 독서실 도착, 공부를 시작한다.
4. 독서실 마감 시간인 새벽 2시까지 공부한다.
5. 집에 도착해 세면 후 커피 2잔을 마신다.
6. 아침 7시까지 공부하고 다시 버스를 타고 등교한다.
7. 1교시 종이 울림과 동시에 점심시간까지 잠을 잔다.
8. 점심을 먹고 저녁 시간까지 다시 잔다.
9. 저녁을 먹고 오후 10시까지 인터넷 강의를 듣는다.
10. 1-9 과정을 반복한다.

내 생활 패턴을 알게 된 친구들은 그렇게 하면 망한다고 했지만 나는 귀담아듣지 않았다. 인강+밤샘 공부의 힘으로 본띠를 보여 줘야겠다고 생각했다.

수면 시간을 줄인 결과

잠을 줄이고 밤낮을 바꾼 생활 패턴을 지속했다. 처음엔 버틸만했지만, 수개월 동안 이 패턴을 지속하다 보니 만성 피로에 시달렸다. 만성 피로를 물리치기 위해 매일 많은 양의 커피를 들이켰다.

지금 돌이켜보면 '수면 시간을 줄이고 그 시간에 공부를 더 하자'라는 생각은 공부 효율 관점에서 봤을 때 어리석다 못해 '쓰레기' 같은 발상이었다.

하지만 그 당시엔 '하루에 4시간 반만 자도 된다'라는 잘못된 지식은 내 신념이 되어있었기 때문에 조상님이 와도 말릴 수 없었을 것이다.

시간이 흘러 기말고사를 봤다. 성적이 오르지 않았다. '뭐가 문제지? 잠도 줄이고 학교 선생님보다 잘 가르치는 1타 강사 수업까지 들었는데?' 혼란스러웠지만, '하면 될 거야'라는 승부 근성으로 버텼다.

근성이 아니라 아집이었던 걸까, 갑자기 살이 빠지기 시작했다. 엎친 데 덮친 격으로, 책 위로 붉은 피가 떨어지는 날이 잦아졌고 온몸의 관절까지 쑤셨다. 몸에 확실히 문제가 생겼다고 느낄 때쯤 정신도 이상해졌다.

중학교 때까지만 해도 성격이 좋다는 소리를 들었었는데, 어느 순간부터 분노와 같은 부정적인 감정이 통제되지 않기 시작된 것이다. 이것이 도화선이 되어 주변에 친구가 거의 남아있지 않게 된 사건이 발생했다.

하루는 반 친구들끼리 점심시간에 배달 음식을 시켰다. 정문으로 음식을 가지러 갈 사람을 정하기 위해 가위바위보를 했는데 내가 졌다. 예전 같았으면 그냥 수긍하고 음식을 가지러 갔겠지만 예민해진 탓인지 가위바위보에 졌다는 사실에 갑자기 분노가 치밀었다. 분노를 표출할 방법이 생각나지 않아서 교실에 있던 책상을 다 엎어버리고 교실 밖으로 뛰쳐나갔다. 이 일로 괴롭힘은 없었지만 친구들이 거의 떠나갔다.

이 이야기를 어머니에게 전하자 어머니는 병원에 가서 검사를 받아 보자고 하셨고, 병원에 가서 여러 검사를 하고 난 뒤 '갑상선 항진증' 판정을 받았다.

'갑상선 항진증'은 갑상선 호르몬이 많이 분비되는 질병인데, 이 병에 걸리면 살이 급격하게 빠지고 성격이 예민해진다. 그동안 내게 일어났던 신체적, 정신적 변화들이 이해가 됐다.

검사 결과를 듣고 머리를 한 대 맞은 기분이었다. '수면을 포기해가며 열심히 공부한 대가가 꼴찌에 버금가는 성적과 평생 안고 가야 할 질병인 건가. 난 그동안 뭘 한 거지?'

답이 없었다. 답이 없다고 느껴지자 공부에 대한 자신감과 흥미를 잃었고, 그 결과는 '공부 포기'로 이어졌다. 내겐 더 이상 공부할 이유도, 열정도 남아있지 않았다.

모범생 대신 게임 랭커가 되다

내가 다녔던 A고등학교는 총 세 가지 수업 시간으로 운영되었다.

정규 수업	보충 수업	야간 자율 학습
아침~오후 3시	오후 3시~오후 6시	오후 7시~오후 10시

이 중에서 보충 수업과 야간 자율학습을 할지 말지는 개인의 선택에 맡긴다고 했는데, 말이 자유 선택이지, 사실상 모두가 반강제적으로 해

야 하는 의무 수업이었다.

하지만 공부를 포기하기로 다짐했던 나는 더 이상 보충 수업과 야간 자율 학습을 하기가 싫었다. 담임 선생님의 반대가 심했지만, 난 정규 수업만 듣고 집에 가게 해달라고 억지를 부렸고, 그 결과 전 학년에서 '공부하기 싫다'라는 이유로 보충 수업을 뺀 첫 번째 학생이 될 수 있었다. 잠시나마 해방감을 느꼈다.

보충 수업을 빼고 집에 도착하면 딱히 할 게 없었다. 그래서 '겟앰프드'라는 게임을 했다. 격투 게임이었는데 그동안 받았던 스트레스를 풀기엔 제격이었다. 하교 후 '게임-저녁 식사-게임-야식' 생활을 반복했고 랭커의 자리에 오르기까지 했다. 고등학교에 와서 공부론 이렇다 할 성과를 낸 적이 없었는데, 게임에서 랭커라는 타이틀을 얻으니 기뻤다. 하지만 고3에 가까워질수록 랭커라는 타이틀에 대한 기쁨은 점점 사라지고, 입시에 대한 부담감이 나를 옥죄기 시작했다.

재수를 결심하다

3학년 1학기. 내신 성적은 8~9등급이었고, 개학하고 치른 모의고사 성적은 바닥을 기었다. 이대론 눈에 차지도 않던 대학들의 문턱도 못 밟을 것이 눈에 훤했다.

불안감이 엄습하자 공부를 다시 해야겠다는 생각은 들었지만, 이미 학교 친구들 뿐만 아니라 그동안 공부를 열심히 해온 전국의 수험생들과의 격차는 너무나도 벌어져있었다.

  2012 수능까지 약 9개월, 소위 말하는 명문대를 가기엔 턱없이 부족한 시간이라 느껴졌다.

  '충분한 시간이 주어지고 열심히 노력한다면 정시로 명문대에 갈 수 있지 않을까?'

  '지난날의 과오는 운이 안 좋았을 뿐이다'라고 자기 위로를 하며 그렇게 난 3학년 1학기 때 재수를 결심했다. 웬일인지 부모님은 내 결정에 반대하지 않으셨다. 다시 용기가 생겼다.

새로운 시작, 패기 넘치던 재수생

  유난히 추웠던 2011년 11월 8일, 첫 번째 수능을 치렀다. 결과? 당연히 망했다. 하지만 이미 재수를 하기로 다짐한 상태여서인지, 학교에서 받은 초라한 수능 성적표는 내게 아무런 감흥도 주지 못했다.

  보통 재수는 빠르면 1월, 늦으면 3월에 시작하지만, 난 12월부터 공부를 시작하기로 했다. 명문대에 가기 위해선 남들보다 하루라도 더 공부 시간을 확보해야 한다고 생각했기 때문이다.

  문제는 어떻게 재수 공부를 할지 정하는 것이었는데, 재수 종합학원이나 기숙학원은 가고 싶지 않았다. 일찍이 재수를 결심한 이상 누군가의 통제를 받지 않고 내 힘으로 수능을 다시 치르고 싶었다.

  그래서 나는 인강을 들으면서 독학하기로 마음먹었다. 이것이 내가 재수하면서 저지른 첫 번째 실수였다.

　공부를 하겠다고 결심하고 계획을 세울 때는 의지력이 넘치는 상태이다. 이때는 무엇이든지 이뤄내고 엄청난 공부량도 소화할 수 있을 것이라고 진심으로 믿게 된다. 이런 상태에서는 독학을 결심하기가 쉽다. 하루에 10시간씩 혼자 공부할 수 있을 것만 같다. 하지만 막상 공부를 시작하고 나면 의지력이 떨어져 공부를 못하게 되는 경우가 많다. 이게 독학에 실패하는 주된 패턴 중 하나이다.

　독학할지 말지 고민할 땐 과거를 돌이켜보는 게 현명하다. 과거를 돌이켜봤을 때, 독학해서 어떤 공부를 성공적으로 해본 적이 있는지 생각해 봐야 한다. 독학을 성공한 경험이 없다면, 독학 공부는 90%의 확률로 망한다(당신은 10%라고 믿는가? 나도 그랬다). 때문에 눈물을 머금고라도 학원의 도움을 받는 것이 현명하다(이에 대한 내용은 「하루에 14시간씩 공부하는 괴물들의 비밀 '작은 계획'」 챕터에서 다룰 것이다).

　나는 독학을 하되, 인강을 활용하기로 결정했다. 교재를 가지고 스스로 공부하는 것은 한계가 있다고 생각했기 때문이다. 국어, 영어, 수학, 물리, 생물 다섯 과목 모두 인강을 결제했다. 혼자 공부하는 것보다는 돈을 써서라도 1타 인강 강사님께 수업을 듣는 게 유리할 것이라고 믿었다. 이게 내가 재수하면서 저지른 두 번째 실수였다.

　인강을 듣는 행위는 공부가 아니다. 인강을 들은 땐 공부할 때 쓰이는 뇌 부위가 거의 활성화되지 않는다. 실제로 인강을 들을 때의 뇌파 상태는 TV를 볼 때와 거의 동일하다.[1]

인강을 하루에 10시간 듣는 것은 TV를 10시간 보는 것과 크게 다르지 않다. 인강을 들을 땐 혼자 스스로 공부하는 시간을 확보하는 것이 중요한데, 전과목 인강을 들으니 자습할 시간이 전혀 확보가 안 되어 있었다.

내가 들었던 인강 강사님은 성적을 올리고 싶다면 하루에 14시간씩 무조건 공부하라고 강조했다. 재수생은 공부하는 기계가 되어야 한다고 하셨다.

생각해보면 틀린 말은 아닌 것 같았다. 남들이 공부할 때 놀았고, 그 갭을 메우기 위해선 노력을 해야 하는데 수험생 입장에서 '노력'이라 함은 당연히 '공부량'밖에 떠오르지 않으니까 말이다.

그래서 난 14시간씩 공부하겠다고 다짐했다. 이것이 내가 재수하면서 저지른 세 번째 실수다.

12월부터 실제로 하루에 14시간씩 공부를 했다. 공부를 오랜만에 해서 그런지 의욕이 불탔고 이대로 1년만 공부한다면 수능 만점을 받고, 서울대 총장 뺨을 때려도 입학할 수 있을 것 같았다.

하지만 너무 전력 질주를 했던 탓일까. 3개월 만에 의욕이 바닥났고 공부에 집중할 수가 없었다.

수능처럼 수개월 이상 공부해야 하는 시험은 '누군가의 잣대'를 기준으로 공부 시간을 설정해선 안 된다. 오래 준비 해야 하는 시험은 반드시 의지력을 쓰지 않는 선까지만 공부해야 한다. 이 '의지력'이란 선천적으로 타고나는 것이어서 누군가에겐 10시간 공부가 당연한 일이지만 누군가에겐 3시간 공부하는 것도 버거울 수 있다(의지력에 관한 이야기는 「하루에 14시간씩 공부하는 괴물들의 비밀 '작은 계획'」 챕터에서 다룰 것이다).

내가 의지력을 쓰지 않을 수 있는 한계치는 5시간이었지만, 강사님의 말을 맹신한 나머지 억지로 14시간을 공부했고 그 결과 나는 계속해서 '의지력'을 써야 했다. 의지력을 쓴 결과는 곧장 의욕 상실로 이어졌다.

일찌감치 의욕을 상실한 재수생의 재수 생활은 안 봐도 비디오다. 난 공부를 손에서 내려놓고 지루한 재수 생활을 달래기 위해 여자친구를 만들어 9월까지 신나게 놀았다.

그러다 10월쯤 정신이 번쩍 들었다. 공부를 내려놨었지만 명문대에 가고 싶다는 꿈까지 내려놓은 건 아니었기 때문이다. 한 달이라도 열심히 하자는 생각에, 패기 넘치던 재수생으로 빙의해서 하루에 14시간씩 공부를 했다. 하지만 공부를 안 한 공백기가 너무나도 컸던 나머지 수능 시험 범위에 대한 공부를 다 끝내지 못한 채로 2013 수능을 치렀다. 역시 망했다.

꿈꾸던 대학교에 입학하지 못한 채로 내 수험 생활은 막을 내렸다.

뼈아픈 실패를 통해 얻은 교훈

모든 실패에는 이유가 있다. 재수 실패도 마찬가지다. 당시엔 '의지 부족' 때문이라고 생각했지만, 지금 돌이켜 보면 내 수험 생활이 실패한

데에는 과학적인 이유 4가지가 있었다.

---

1. 수면 시간을 5시간으로 줄인 것
2. 독학을 결심한 것
3. 전과목 인강을 구매한 것
4. 하루 14시간 공부를 목표로 한 것

위 이유들에 굳이 '과학'을 붙인 이유는 이번 챕터의 후반부를 읽고 나면 알게 될 것이다.

내 공부 인생을 바꿔놓은 단 한 권의 책

꿈에 그리던 명문대 대신 눈에 차지 않았던 대학에 입학했다. 입시가 끝났다는 해방감 때문이었을까, 다행히 패배감보단 새로운 캠퍼스 라이프로 인한 설렘이 더 컸다.

그래서 과거는 깨끗이 털어내고 캠퍼스 라이프를 즐기기로 했지만, 1년 늦게 입학한 만큼 동기보다 더 성적을 잘 받아야겠다는 생각도 잊지 않았다.

입학을 앞두고 며칠 전 고등학교 동창 한 명을 만났다. SKY중 한군데에 재학 중인 성훈이란 친구였는데 이 친구는 책상을 엎었음에도 날 떠나지 않은 좋은 친구다. 이 친구와 닭갈비를 먹다가 '공부는 타고나야 하는 건가?'라는 궁금증이 생겨서 성훈이에게 '공부는 선천적으로 타고

제1장 **35**

나야 하는 것인지, 후천적인 노력으로 잘할 수 있는 것인지'에 대해 물어봤다.

큰 기대를 한 건 아니었지만 예상대로 뻔한 대답을 들었다. "선천적인 것도 있고, 후천적인 것도 있다, 근데 나는 후천적인 것이 중요하다고 생각한다." 그리고 마치 박사에 빙의한 것 마냥 궁금하지 않은 얘기들을 늘어놓았다. 듣다 보니 밥맛이 떨어져서 그 얘긴 그만하고 책이나 한 권 추천해달라고 했다. 성격이 좋은 성훈이는 '공부가 가장 쉬웠어요'를 추천해줬다.

그날 집에 가는 길에 마침에 서점이 있어서 성훈이의 추천서를 구매했다. SKY생이 추천해 준 책이니 공부를 잘할 수 있는 방법을 알 수 있을 것 같았다.

독서 습관이 전혀 없던 나는 굼벵이에 버금가는 독해 속도와 금붕어급 암기력을 자랑했다. 얇은 책임에도 읽는 데만 2주가 걸렸고 내용도 상당 부분 잊었다.

책을 다 읽고 나서 조금 실망했다. 책을 덮고 나면 대단한 통찰을 얻을 줄 알았지만 그런 건 없었다. 성훈이가 권했던 책이 내 공부 인생을 바꿔 놓았음을 깨닫게 된 건 1학년 1학기 성적을 확인했을 때였다.

4.42/4.5점 생애 처음으로 1등 하다

썩 공부를 열심히 하진 않았지만, 술에 쩔은 다음날도 수업엔 무조건 참여하는 '적당한 모범생'으로 첫 학기를 보냈다.

그리고 1학기 성적을 확인하던 날, 놀래서 입에 파리가 들어갈 뻔 했다. 성적을 확인해보니 4.42/4.5점으로 148명 중 1등을 한 것이다.

살면서 1등을 해본 적이 없었기 때문에 실감이 잘 나지 않았다.

'내가 왜 1등이지? 2~20등을 한 동기들보다는 공부를 훨씬 덜 했는데?'

한참을 생각하고 나서야 성훈이가 추천해준 책이 떠올랐다. 내가 수험생활을 할 때와 달라진 점이 하나 있다면 책에서 배운 새로운 공부법을 내게 적용한 것이었다. 나는 그때 깨달았다. '진짜로 공부를 잘하는 방법이 존재하는구나'

공부 효율 100% 증가시키는 방법

공부법의 효과를 체감한 나는 자연스럽게 공부법에 관심이 생겼다. 2시간 공부해서 4시간의 효과를 내는 마법 같은 일을 해낼 수 있는지 궁금했다. 이론적으로는 가능했다. 2시간 동안 해내는 공부량이 200이라고 가정하고, 어떤 간단한 방법을 적용하면 공부 효율의 10%가 증가한다고 하자. 이런 비법 10가지를 적용한다면 어떨까? 공부 효율이 100% 증가할 것이다. 이렇게 공부 효율이 증가된 상태에서 2시간을 공부하면

400의 공부량을 소화할 수 있게 된다. 2시간 공부하고 4시간의 공부량을 챙기는 얌체 같은 짓을 할 수 있는 것이다.

'공부 효율을 2배 이상 높이겠다'라는 목표를 달성하기 위해선 공부법에 대한 공부가 필요했다. 그래서 국내외의 공부법 권위자들이 집필한 책을 구매해 한 권 한 권 읽어나갔다. 수십 권을 다 읽고 나니 공부법에 대해 적지 않은 지식을 갖추게 됐다.

하지만 문제가 하나 있었다. 그 문제란 공부법 책 저자마다 각자의 견해가 다르다는 것이었다. 누군가는 개념서를 'N회독 하는 것이 좋다'라고 주장하는 반면, 누군가는 'N회독은 비효율적이다, 1번만 읽고 문제를 많이 풀어라'라고 주장했다. N회독은 한 가지 예일 뿐이고 이렇게 상반된 내용이 적지 않았다. 나는 혼란스러웠다.

저마다 의견이 다른 이유를 살펴보니, 대부분의 공부법 책이 개인의 경험을 기반으로 쓰여진 것이 문제였다. '내가 수능 공부해보니 N회독이 좋더라', '내가 토익 공부해보니 N회독이 안 좋더라'라는 식으로 말이다.

경험에 의해 쓰여진 책을 곧이곧대로 따라 하면 두 가지 문제가 생길 수 있다.

1) 개인의 경험을 기반으로 쓰여졌기 때문에, 저자가 주장하는 공부법이 어떤 독자에게는 맞지 않을 수 있다는 것.
2) 저자가 공부를 잘했던 이유가 공부법에 있는 것이 아닌, 노력이나 재능에 있을 수 있다는 것.

나는 이 두 가지 문제점을 깨닫고 더 이상 경험에 의거한 공부법 책을 그만 읽기로 했다. 특정 공부법이 다른 사람에게도 효율적인지, 아니면 오히려 비효율적인 방법이 아닌지 검증할 수 있는 방법이 없기 때문이다. 내게는 나를 포함한 다른 사람들에게 효과가 있는 '객관적인' 공부법이 필요했다.

대부분의 공부법 책들이 효과가 없는 이유

어떤 공부법이 모든 사람에게 효과가 있는지 검증하기 위해서는 '과학적인' 증거가 필요하다는 결론에 이르렀다. 과학이 언제나 옳다고 할 순 없지만, 이변이 없는 한 개인의 경험보단 객관적일 테니까. 공부를 과학적인 관점으로 접근하기 위해선 계산, 추론, 암기 등 고차원적인 사고를 담당하는 '뇌'에 대해 알아야 했다.

따라서 나는 뇌과학이라는 분야를 공부하기 시작했다. 누구나 이해할 법한 수준의 뇌과학 책을 시작으로 전공자들이 공부하는 분야까지 파고들었다.

뇌과학 지식을 갖추자 N회독 공부법과 같은 특정한 공부법의 효과 여부를 객관적으로 판단할 수 있게 되었다. '이렇게 공부하면 뇌에서 이렇게 작용을 하기 때문에 실제로는 효과가 없을 가능성이 크다. 이건 단순히 저자의 의견일 가능성이 높다'를 판단할 수 있는 눈을 갖추게 되었다. 또한 경험에 의거해서 쓰여진 공부법 책들에 있는 내용 중 실제로 뇌과학적으로는 비효율적인 것들이 있다는 사실도 알게 되었다. 앞서 많이 언급한 N회독이 그 예이다.

공부법 효과 판별 능력이 증가하면서, 공부 효율성도 같이 증가했다. 공부법을 연구하기 시작하기 전에, 내 목표는 2시간을 공부로 4시간 공부 효과를 내는 것이었다. 뇌과학을 공부하고 나니 이 목표를 달성할 수 있었다. 과거에는 4시간 걸리던 공부량을 2시간이면 끝낼 수 있게 된 것이다. 이것은 과장이 아니다.

놀면서도 1등으로 졸업한 비결

뇌과학을 공부하고 공부법을 연구한 덕분에, 나는 공부 시간을 대폭 줄이고도 좋은 성적을 유지할 수 있었다. 기본적인 원칙들만 지키기로 하고, 나머지 시간엔 알바나 취미 활동 등 하고 싶은 것은 전부 하며 캠퍼스 라이프를 즐겼다.

그 결과 남들이 볼 땐 탱자탱자 노는 대학생으로 보였겠지만 항상 좋은 성적을 유지했고 대학교를 수석으로 졸업할 수 있었다.

누구나 공부 효율성을 높일 수 있다. 공부 효율성을 높이는 비결들은 실행하기 어렵지 않은 것들이다. 쉬운 것 두 가지만 소개하겠다. 1시간 공부하면 5분은 꼭 멍때리기, 주 1~2회 15분 운동하기. 이 두 가지가 어려운가? 이 두 가지만 실천해도 공부 효율이 최소 20% 올라간다. 이처럼 공부 효율성을 높이는 방법은 어렵지 않다. 단순히 이 책을 읽고 하나하나 적용하면 된다. 누구든 이 비결들을 적용한다면, 오늘부터 당장 공부 효율성을 미친 듯이 향상시킬 수 있다. 남는 시간에 노는 건 덤이다.

영포자에서 6개월 만에 토익 990점까지

보통 토익은 취업이나 졸업을 위한 시험이다. 하지만 나는 다른 목적으로 대학교 4학년 때부터 토익 공부를 시작했다.

그 목적은 바로 '사업 자금 벌기'였다. 당시 앱 제작 사업을 하고 싶었던 나는 사업 소득이 생기기 전까진 생활비 등 여윳돈이 필요했다. 그 당시 하고 있던 카페 알바만으론 사업 자금과 생활비를 충당하기 너무 벅찼는데, 때마침 영어 실력이 좋았던 과 선배가 주 2회 2시간 토익 과외로 돈을 쓸어 담고 있다는 소문을 듣고 막연히 '나도 토익 과외로 돈 벌어야겠다'라는 생각으로 토익 공부를 시작했다.

한 가지 문제가 있다면 학창 시절부터 영어 실력이 젬병이었다는 것이다. 그 당시의 나에겐 당장 영어 실력이 젬병이라는 사실은 중요치 않았다. 공부법과 뇌과학 지식만 활용하면 문제가 될 것이 없다고 믿었기 때문이다(결과적으로 봐도 당시의 내 판단이 옳았다).

하지만 아무것도 모르는 상태에서 누군가를 가르칠 순 없었다. 대학 커뮤니티를 보니 토익 과외로 돈을 벌기 위해선 최소 토익 950점 이상은 되어야 한다는 사실을 알게 됐다. 그때 결심했다. '내 목표는 무조건

900점 후반대다'

토익 공부를 하는 과정에서 토익 스터디를 했던 적이 있다. 스터디 첫 시간이었는데, 그때 각자 간단하게 소개와 목표 점수를 말하는 시간이 있었다. 나를 제외한 스터디원분들은 취업이나 승진을 목표로 토익 공부를 하고 있다고 했고, 목표 점수는 다양했다. 대부분 800점대가 목표였다.

드디어 내 차례가 돌아왔다. 나는 말했다. "안녕하세요. 제 이름은 최근용입니다. 저는 토익 고득점을 받아서 과외를 하고 싶어서 스터디에 참여하게 되었습니다. 목표 점수는 900점 후반대입니다. 잘 부탁드립니다."

반응은 크게 두 가지였다. 목표가 정말 크다는 반응과 그것은 불가능하다는 반응이었다. 대학교 신입생 때 장학금을 받고 싶어서 도서관 간다고 동기들에게 말했을 때와 비슷한 반응이었다. 신입생 당시에 장학금을 받을 것이라고 허풍을 떨었을 땐 말은 그렇게 했지만, 확신은 없었다. 공부를 잘했던 경험이 없었기 때문이다. 하지만 이번엔 달랐다. 공부법과 뇌과학 지식으로 무장한 나는 900점 후반대를 받을 수 있을 거라고 확신했다. 나는 속으로 다짐했다. '점수 받아서 이 사람들을 놀라게 해줘야겠다!'

효율적인 지름길을 좋아하던 나는 토익 공부를 본격적으로 시작하기 전에 어떻게 해야 토익 고득점을 받을 수 있는지 찾아보기 시작했다. '문제 풀이 스킬이 중요하다', '문법이 중요하다', '단어를 많이 외워야 한다', '호주식 영어 발음에 익숙해야 한다' 등 수많은 조언들이 있었다. 상반되는 의견들도 있었다. 단어는 별로 안 중요하다는 의견과 그 반대로 단어는 정말 중요하다는 의견이 하나의 예시였다. 나는 다양한 의견들 중에서 특정 의견만을 취사선택 해야 했다. 이 취사선택을 하는 데 공부법과 뇌과학을 공부한 것이 상당히 많은 도움이 됐다. 이런 지식이 없었다면, 비효율적인 토익 공부법 조언에 휘둘려 목표 점수를 받지 못했을 것이다. 이 책을 읽어두면 당신도 마찬가지로, 수많은 공부법 조언 중에 어떤 것이 비효율적인 것인지 판단할 수 있게 된다.

어쨌든 나는 토익 고득점을 위해서는 단어와 문법이 제일 중요하다고 판단했다. 토익이라는 영어 시험은 일반적인 인식과는 달리 단어와 문법 싸움이었다. 문제 풀이 스킬도 물론 중요하지만 다른 영어 시험에 비해 스킬의 중요성은 낮고 1~2주 정도면 충분히 숙지할 수 있을 것이라고 판단했다. 내가 생각하는 최적의 계획은 단어와 문법을 오랫동안 탄탄하게 공부하고 후반부에 문제 풀이를 짧게 몰아서 하는 것이었다.

첫 2개월은 단어와 문법만 공부했다. 토익 문제는 거의 풀어보지 않았다. 나는 내 공부 방향을 믿었기 때문이었다. 그때 당시에 한 친구와 같이 토익을 공부했는데, 그 친구는 초반부터 문제 풀이를 병행했다. 하지만 나는 비효율적이라고 판단해서 하지 않았다.

2개월 정도 단어와 문법만 파다 보니, 토익 지문에 나오는 단어를 모두 알 수 있게 됐고 거의 모든 문장의 문장구조를 분석할 수 있게 됐다. 생각보다 토익의 어휘 출제 범위가 좁았고 문장 구조도 다른 영어 시험에 비해 쉬웠다.

그렇게 2개월 정도 공부를 하고 봤던 첫 토익 점수는 660점이었다. 열심히 공부한 것에 비해서 낮은 점수였다. 하지만 크게 충격을 받지 않았다. 첫 토익 시험을 볼 때는 단어와 문법만 공부해 둔 시점이었기 때문이다.

그다음 토익은 첫 토익을 본 1개월 후에 치렀다. 그 1개월 동안 단어와 문법은 약간의 복습만 하면서 문제 풀이에 몰두했다. 학습 시간의 80퍼센트 이상을 문제 풀이만 했다. 그러고 나서 본 시험에서는 980점을 받았다. 토익 공부를 시작한 지 3개월이 된 시점이었다. 내 목표를 불가능한 것이라고 생각했던 스터디원들은 되게 놀랐다.

980점을 받으니 990점 만점을 받아야겠다는 목표가 저절로 생겼다. 990점을 받기 위해서는 두 가지 선택지가 있었다. 첫 번째는 실력을 990점으로 만들어버리는 것이었다. 990점의 실력이면 토익을 3번 보면 1~2번은 만점이 나오게 된다. 하지만 첫 번째 선택지는 문제가 있었다. 많은 시간을 투입해야 한다는 것이었다. 980점 실력에서 990점 실력으로 올리는 데는 실제로 생각보다 많은 시간이 걸린다. 990점 만점은 거의 모든 문제를 맞혀야 하기 때문이다.

두 번째 선택지는 돈을 많이 쓰는 것이었다. 다른 말로 바꾸면 시험을 많이 응시하는 것이었다. 980점의 실력에서 토익을 보면 보통 970~985점의 성적이 나오게 된다. 990점 만점은 잘 안 나온다. 하지만 시험을 많이 응시하다 보면 특정 시험의 날은 컨디션 좋거나 운이 좋아서 990점 만점이 나올 수도 있게 된다.

결국 나는 시험을 많이 응시하기로 결정했다. 990점 실력을 만들기 위해 많은 시간을 투여하는 것보다 차라리 시험을 많이 응시해서 만점을 받는 게 더 효율적이라 생각했기 때문이다. 그렇게 만점을 만들고 세이브 된 시간을 수업 방식 연구에 사용하는 것이 더 좋다고 판단했다.

토익 공부 시간을 하루에 3시간으로 줄이기로 결정했다. 현재 점수를 유지하면서, 990점이 나올 때까지 토익을 계속 보겠다는 판단 때문이었다. 그렇게 유지를 위한 공부만 하면서 시험을 꾸준히 응시한 결과 여덟 번째 시험에서 만점을 받을 수 있게 됐다. 토익 공부를 2월쯤에 시작했으니 토익 공부를 시작한 지 약 6개월 정도 되는 시점이었다.

2018.07.29(일)	495	495	990
2018.07.15(일)	490	495	985
2018.06.30(토)	485	490	975
2018.06.17(일)	490	490	980
2018.05.27(일)	485	480	965
2018.05.13(일)	495	485	980
2018.04.29(일)	495	485	980
2018.03.31(토)	430	230	660

사람들이 가끔 단기간에 토익 990점을 받은 비결을 알려달라고 묻는다. 나는 그때마다 대답한다. "누구나 1년 공부하면 토익 만점 무조건 받을 수 있습니다. 단, 자신에게 적절한 공부법을 활용해야 합니다."

영포자였던 내가 6개월 만에 토익 만점을 받을 수 있었던 이유는 내가 똑똑해서가 아니었다. 최적의 계획을 세우고 효율적으로 공부했기 때문이다. 내가 만약 공부법과 뇌과학을 공부하지 않았다면, 토익 공부 방법들 중에 어떤 것이 비효율적인지 효율적인지 선별할 수 없었을 것이다. 그리고 누군가 정말 최적의 플랜을 제시해줬더라도 그것을 믿고 꾸준히 할 수 없었을 것이다. 이처럼 공부법에 대한 지식을 갖추면, 효율적으로 공부할 수 있을 뿐만 아니라 전문가들이 말하는 공부법 중에 어떤 것이 효과가 없는지 걸러낼 수 있는 능력까지 갖출 수 있게 된다. 결과적으로 목표하는 점수에 빠르게 도달할 수 있게 된다.

치과의사, 회사 CEO를 가르치다

토익 과외를 하면서 대학생, 편입 준비생, 직장인 등 다양한 사람들을 만났다. 그런데 이들 중 노력 대비 점수가 낮은 학생들이 주로 하는 말이 있었다. '저는 기억력이 별로예요', '저는 머리가 안 좋아요'

과거의 내가 그랬듯 자신을 공부를 못하는 사람이라고 낙인찍어둔 게 안타까웠다. 누구나 공부 시간을 늘리지 않고도 지금보다 공부를 훨씬 잘할 수 있는데 말이다. 그래서 나는 토익 수업의 쉬는 시간이나 수업이 일찍 끝나는 날이면, 공부 방법에 대해 이야기를 해주기 시작했다. 인터넷 강의는 어떻게 활용해야 하고 단어는 어떻게 외워야 하는지 같은 비교적 쉬운 것부터 신경가소성과 같은 어려운 것까지 알려주는 시간을 가졌다. 단지 도와주고 싶은 마음에서 이야기를 한 건데, 내가 예상했던 것보다 훨씬 학생들이 재미있어했다. 그리고 그 시간들을 통해 학생들이 변화하는 모습을 볼 수 있었다. 좀 더 공부에 자신감을 갖게 되고 수업에 이전보다 훨씬 적극적으로 임하기 시작했다.

과외를 받는 학생들은 오늘은 공부법에 관련된 어떤 새로운 내용을 배울 수 있을지 기대하며 오곤 했다. '쌤 오늘도 공부법 이야기 해주세요!'라고 눈이 초롱초롱하게 빛나며 먼저 말하는 학생도 있었다. 나도 마찬가지로 공부법과 뇌과학에 대해 이야기해주는 그 시간을 기대하며 수업 준비를 했다. 오늘은 어떤 내용을 쉽고 재미있게 전달할 수 있을까 고민하면서 수업 준비를 했다. 공부법을 알려줘서 그 학생이 발전하는 모습을 보는 것이 즐거웠다.

그러다 공부법 컨설팅을 해야겠다는 생각이 들었다. 일단 시험적으로 내가 사는 지역에서만 해봐야겠다고 생각했다. 컨설팅이 정말 가치가 있고 컨설팅을 받는 사람이 만족하는지 알아봐야 했기 때문이다. 내가 사는 지역의 커뮤니티에 글을 올렸다. 글을 올린 다음 날 신기하게도 한 분이 컨설팅 신청을 해주셨다.

공부법 컨설팅 방식은 컨설팅을 하는 며칠 전에 고객은 질문 리스트를 받는다. 목표하는 공부 혹은 시험, 가지고 있는 좋은 공부 습관, 나쁜 공부 습관 등에 대한 내용이다. 고객이 그 양식을 작성해서 보내주면, 그 내용을 참고로 해서 컨설팅을 진행하는 방식이다.

어쨌든 주변 카페에서 컨설팅을 진행하기로 해서, 10분 정도 일찍 갔는데 그분께선 미리 도착해 있으셨다. 그분은 로스쿨을 준비하는 30대 남자 분이셨다. 개인 정보라서 구체적인 내용은 언급할 수 없지만, 상위권 대학을 나오시고 공부를 꽤나 잘하시는 분이었다.

예정된 컨설팅 시간은 1시간이었다. 하지만 컨설팅은 1시간 30분 정도 진행했다. 꼭 필요한 내용만 전달하기에도 1시간이 부족했다. 이미 공부법에 대해서 어느 정도 알고 있는 분이셔서, 뇌과학 위주로 공부법을 설명드렸다. 그렇게 첫 컨설팅을 마쳤다. 예상했던 것보다 성공적이었고, 컨설팅 만족도도 상당히 높았다.

첫 컨설팅을 성공적으로 마치고 몇 건의 오프라인 컨설팅을 더 진행했다. 내용 전달도 효과적으로 했고, 만족도도 높아서 이제는 온라인으로 진행해야겠다고 생각했다.

그렇게 뇌과학에 기반한 공부법 컨설팅 「(전)공부는 과학이다(현)'인뉴런'」를 만들게 됐다. 한 가지 미리 말하자면, 홍보하려는 것이 아니다. 나는 오히려 이 책을 읽는 당신이 컨설팅을 신청하지 않았으면 한다. 정말 꼭 필요한 사람만 신청했으면 하는 마음으로 만든 서비스이기 때문이다. 이 책만 읽어도 충분히 공부 효율을 높일 수 있다.

공부법 컨설팅을 온라인으로 진행하기 시작했다. 방식은 똑같았다. 고객이 현재 공부 상황을 알려주는 양식을 적어서 보내주면, 전화로 이에 대해 개선점을 제시하는 방식이었다.

공부법 컨설팅을 진행하면서 흥미로웠던 점은, 주로 똑똑한 분들이 컨설팅을 신청한다는 것이었다. 단적인 예로 최근에 컨설팅했던 분들은 치과의사, 회사 CEO, 약대 준비생 등이었다.

똑똑한 분들이 내게 컨설팅을 신청하는 이유는 컨설팅은 고객이 얼마나 공부를 잘하든 간에 지금보다 공부를 더 잘하게 만들어주기 때문이라고 생각한다. 해당 컨설팅은 100등 중에 50등 하는 사람을 1등으로 만들어 줄 수는 없다. 그건 내 능력 밖이다. 내가 할 수 있는 건 50등인 사람이 공부 시간을 늘리지 않고도 40등을 할 수 있게 만들어주는 것이다. 30등인 사람이라면 공부 시간을 늘리지 않고도 20등을 할 수 있게 만들어주는 것이다. 컨설팅의 목적이 공부 시간을 늘리지 않고 지금보다 공부를 더 잘하게 만들어주는 것이다 보니 공부를 잘하는 분들도 거리낌 없이 신청해주시는 것 같다.

똑똑한 분들이 내게 컨설팅을 신청하는 또 다른 이유는, 경험 기반의 이야기가 아닌, 세계 최고 권위자들이 밝혀낸 뇌과학 지식에 의거해서 이야기하기 때문이라고 생각한다. '내가 해보니 이런 방식이 좋더라'가 아닌, '과학적으로 이 내용이 좋다고 합니다'라는 방식으로 내용을 전달한다. 뇌과학을 공부한 덕분에 똑똑한 분들께 만족스러운 컨설팅을 제공할 수 있었다.

이것이 온라인 공부법 컨설팅을 진행하게 된 과정과 고객이 만족하는 이유이다. 지금은 이 책을 쓰느라 컨설팅을 잠시 중단한 상태인데, 책을 다 쓰고 나면 다시 재개할 예정이다. 다시 한번 언급하지만, 나는 당신이 컨설팅을 신청하지 않았으면 한다. 이 책에는 컨설팅을 진행하면서 가장 고객에게 만족도가 높았고, 공부 효율을 극대화시킨 비결들만 넣었다. 컨설팅의 핵심 중 상당 부분은 이 책에 대부분 담겨있다. 컨설팅 2시간에 해당하는 분량을 담았으니, 이 책만 읽고 실행해도 공부 효율성이 엄청나게 증가할 것이고, 공부 시간을 늘리지 않아도 지금보다 훨씬 더 공부를 잘하게 될 것이다.

공부를 못하는 데에는 분명한 이유가 있다

지금까지 공부 역사에 대해 살펴보았다. 요약하면 다음과 같다.

고등학교 내신 평균 8등급→대학교 수석 졸업+6개월 만에 토익 990점→뇌과학에 기반한 공부법 컨설팅 운영→공부법 책 집필

내 이야기로 구성된 이번 챕터를 쓴 이유는 크게 두 가지다. 첫 번째는 내가 겪은 시행착오와 실수를 누군가는 되풀이하지 않았으면 하는 마음 때문이다. 과거의 나를 보면 알 수 있듯이 성적과 노력이 반드시 비례하지는 않는다. 나는 고등학교 때 미친 듯이 공부했지만 잘못된 방향으로 공부했기에 꼴찌를 면할 수 없었다. 열심히 한다고 문제는 해결되지 않는다. 선천적으로 타고났다면, 이미 공부를 잘하고 있어야 한다. 현재 상태가 그렇지 않다면, 아무리 열심히 공부해도 달라질 건 없다. 방법을 바꿔야 한다. 내가 공부를 못할 시절에 저질렀던 실수는 다음과 같다.

1. 수면 시간을 5시간으로 줄인 것
('잠을 줄이는 것은 정신나간 짓이다' 챕터에서 자세히 다룸)

2. 독학을 결심한 것
(「하루에 14시간씩 공부하는 괴물들의 비밀 '작은 계획'」 챕터에서 자세히 다룸)

3. 재수할 때 전과목 인강을 결제한 것
(「9시간 공부, 5시간 만에 끝내기 '인출'」 챕터에서 자세히 다룸)

4. 하루에 14시간 공부를 목표로 삼은 것
(「하루에 14시간씩 공부하는 괴물들의 비밀 '작은 계획'」 챕터에서 자세히 다룸)

'잠을 줄이는 것은 정신 나간 짓이다' 챕터에서 자세히 다루겠지만, 잠은 하루에 7~9시간은 무조건 자야 한다. 가끔 충분히 못 자는 날이 있겠지만, 기본적인 기준은 8시간이 되어야 한다. 공부할 시간이 없어서 잠을 줄여야 한다고? 애초에 공부할 시간이 부족한 건 잠을 충분히 자지 않았기 때문이다. 자는 행위는 수동적인 행위가 아닌 능동적인 행위이다. 쉽게 말하면, 잠을 잘 때 당신의 뇌는 마냥 쉬는 게 아니라 복잡한 작업을 한다. 잠을 자는 것도 공부다. 그것도 아주 중요한 공부다.

공부하겠다고 계획하고 다짐할 땐 의지력이 넘치는 상황이라 뭐든지 해낼 수 있을 것 같은 기분이 든다. 이렇게 넘치는 패기는 많은 이들을 독학의 길로 인도한다. 하지만 막상 공부할 땐 의지력이 많이 떨어져 독학을 실패하게 되는 경우가 많다. 독학할지 학원 다닐지 고민할 땐, 본인의 과거를 돌이켜봐야 한다. 어떤 공부를 꾸준히 해서 독학을 성공한 적이 있는지 되돌아봐야 한다. 성공한 적이 없다면, 이번에도 성공하지 못할 확률이 90% 이상이다. 그런 경우에는 반드시 학원에 다녀야 한다. 이에 대해서는 「하루에 14시간씩 공부하는 괴물들의 비밀 '작은 계획'」 챕터에서 자세히 다룬다.

「9시간 공부, 5시간 만에 끝내기 '인출'」 챕터에서 자세히 다루겠지만, 인강을 듣는 건 공부가 아니다. 인강을 들을 때의 뇌파 상태는 TV를 볼 때의 뇌파 상태와 같다. TV를 보며 '나는 공부하고 있어!'라고 말하는 사람이 없지 않은가? 인강을 보는 것도 마찬가지다. 인강을 보는 것은 공부한다는 '느낌'만 줄 뿐 실제로는 공부가 아니다. 수동적으로 강의를 보는 것이 아닌 직접 글을 읽고 문제를 풀고 생각을 해야 공부가 된다. 물론 인강 자체를 부정하는 것은 아니다. 다만, 인강을 듣겠다면 인강을 듣는 시간의 2배 이상의 자습 시간을 반드시 확보해야 한다.

하루에 공부할 수 있는 시간은 유전적으로 정해져 있다. 어떤 사람은 하루 10시간 공부할 수 있는 반면, 어떤 사람은 하루 5시간밖에 공부하지 못한다. 이 공부 시간은 물론 후천적인 노력으로 늘릴 수 있다. 하지만 엄청난 노력이 필요하다. 정말 드물게 하루에 14시간 이상 공부할 수 있는 돌연변이 유전자를 가진 사람들이 있다. 보통 이런 사람들이 서울대를 가고 공부법에 대한 조언을 한다. 하지만 당신을 포함한 나는 평범한 유전자를 갖고 있기 때문에 하루에 14시간 공부를 절대 지속할 수 없다. 자신이 할 수 있는 공부 시간을 반드시 파악해야 한다. 이에 대해서는 「하루에 14시간씩 공부하는 괴물들의 비밀 '작은 계획'」 챕터에서 자세히 다룬다.

지금보다 2배 공부 잘하는 방법

이 챕터를 쓴 두 번째 이유는 더 중요한 것이었다. SKY대생인 성훈이가 말했던 것처럼, 선천적인 공부 재능보다는 후천적인 공부법이 더 중요하다는 것이다. 당신이 가장 먼저 믿어야 할 것은 효율적으로 공부하는 방법이 존재한다는 것이다. 남들이 8시간 만에 끝낼 공부량을 4시간 만에 끝낼 수 있는 방법은 분명히 존재한다. 일단 이 사실을 믿어야 한다. 그러면 공부를 더 잘할 준비의 반은 끝난 것이다.

당신이 지금 200등이든 100등이든 50등이든 당신은 지금보다 공부를 더 잘할 수 있다. 공부 시간을 늘리지 않고도 말이다. 이 책은 200등인 당신을 1등으로 만들어주지는 못한다. 1등을 원한다면 책을 잘못 집어 들었다. 하지만 100등으로는 만들어 줄 수 있다.

이번 챕터의 스토리를 읽고 당신은 효율적으로 공부하는 방법이 분명히 존재한다는 것을 알게 되었을 것이다. 공부법에 회의적인 사람이었더라도 생각이 바뀌었을 가능성이 크다. 이것만으로도 이번 챕터는 가치 있었다. 당신이 지금부터 해야 할 일은 간단하다. 이 책을 읽고 마음에 드는 부분 몇 부분만 적용하는 것이다. 모든 부분을 소화하려고 할 필요 없다. 재미없고 와닿지 않는 챕터는 과감히 넘어가라. 몇 개만 적용해도 충분하다. 그럼 다음 장부터 지금보다 공부를 잘하게 만들 비결들을 소개하겠다.

제2장

전교 1등의 뇌를 가지는 법

뇌를 업그레이드 시키기 '신경가소성'

1시간 30분 만에 당신의 인생을 바꿔볼게요

이번 챕터의 소제목인 '신경가소성'은 한 사람의 인생을 180도 변화시킬 수 있는 개념이다.

이 개념을 알게 되면 당신은 공부뿐만 아니라 관심 있어 하는 여러 분야에 더 의욕적으로 도전하고 즐기고 상위 10% 안에는 들 수 있게 될 것이다.

이번 챕터의 내용은 내 인생도 바꿔주었다. 이 개념이 없었다면, 대학교 수석 졸업도, 단기간에 토익 만점도, 공부법 컨설팅 1인 기업도 없었을 것이다. 모두 '신경가소성'의 힘을 깨달았기에 가능했었다.

아쉬운 점은 이 책이 공부법 책이라 신경가소성이라는 혁신적인 개념을 많은 사람에게 알리지 못한다는 것이다. 따라서 당신이 이 챕터에서 '신경가소성'의 힘을 깨닫고 당신의 절친한 친구나 동료, 혹은 학부모라면 당신의 자녀에게 알려주었으면 하는 것이 내 작은 바람이다.

30세 이후로 정말 머리가 굳을까?

당신은 머리가 언제 굳기 시작하다고 믿는가? 인간의 뇌는 몇 세부터 퇴화하고 발전을 멈춘다고 생각하는가? 30대? 40대? 아니면 60대?

많은 사람들은 뇌가 30세 이후로 퇴화된다고 믿는다. "저는 이제 나이가 있어서 머리가 굳었어요." "나이가 있어서 새로운 것을 배우는 게 힘들어요." 나는 공부법 컨설팅을 할 때 이런 이야기를 종종 듣곤 한다.

당신도 들은 적이 있을지도 모른다. 혹은 당신도 이런 말을 내뱉은 적이 있을지도 모른다. 국어사전에 '머리가 굳다'라는 표현이 있을 정도로 나이가 들면 머리가 굳는다는 것은 일반적인 상식이다.

우리의 '몸'은 실제로 30세 이후로 노화가 시작된다. 피부 노화는 26세부터 시작되기도 한다. 30대부터 매년 1%씩 근육량이 감소한다는 전문가의 말도 있다. 우리의 '몸'이 30세 이후로 노화되니 우리의 '뇌'도 30세 이후로 노화된다고 생각하는 것은 이치에 맞아 보인다.

머리가 굳는다는 믿음이 끼치는 영향

A라는 사람과 B라는 사람이 있다고 가정해보자. 둘 다 31세다. A와 B는 현재 지적 수준이나 성적이 같다. 둘의 유일한 차이는 뇌에 대한 믿음에 있다.

A는 30세 이후에 뇌는 굳기 시작한다고 믿는다. 뇌는 나이를 먹을수록 퇴화한다고 믿는다. 반면 B는 30세 이후에도 뇌는 굳지 않는다고 믿는다. 계속해서 발달한다고 믿는다.

이 둘은 현재 지적 수준과 성적의 차이가 없다. 하지만 1년 뒤인 32세일 때도 차이가 없을까? 10년 뒤인 41세에도 차이가 없을까?

이 둘은 미래에 엄청난 차이가 벌어져 있을 것이다. 뇌가 굳는다고 믿는 A는 이렇게 생각하며 살아갈 것이다. '어차피 뇌가 굳었는데 새로운 것 공부해서 뭐 하겠어. 소용없어.' A는 새로운 영역에 대한 공부를 시작하지 않을 가능성이 높다. 또한 시작하더라도 의욕적으로 하지 못할 가능성이 높다.

반면에 B는 이렇게 생각하며 살아갈 것이다. '뇌는 쓰면 쓸수록 발달하는 기관이니까 새로운 것을 공부하면 내 뇌가 발달할 거야' B는 새로운 영역에 대한 공부를 끊임없이 해나갈 가능성이 높다. 게다가 어떤 것을 공부할 때 의욕적으로 할 가능성이 높다.

당신은 A인가 B인가? 이처럼 현재의 믿음 차이는 미래의 상태를 바꿔놓는다. 공부에 대입해서 말하면 현재의 믿음이 미래의 성적을 바꾼다. 당신이 A와 같은 믿음을 갖고 있다면 미래에 공부를 못할 가능성이 높다. 반면 B와 같은 마음을 갖고 있다면 미래에 공부를 잘할 가능성이 높다.

그래서 A와 B중 누가 옳냐고? B의 믿음이 정답이다. 우리의 뇌는 굳지 않는다. 뇌는 쓰면 쓸수록 성장한다. 머리를 많이쓰고 많이 공부할수록 뇌는 점점 발달한다. 이를 '신경가소성'이라고 한다.

'신경가소성':뇌는 쓰면 쓸수록 발달한다

뇌과학이 밝혀낸 중요한 업적 중 하나가 이 장에서 설명할 '신경가소성'이다. 신경가소성은 '뇌의 신경 경로가 외부의 자극, 경험 학습에 의해 구조, 기능적으로 변화하고 재조직화되는 현상'을 뜻한다. 쉽게 말하자면 뇌는 사용하면 할수록 발달한다는 뜻이고, 이 개념을 공부에 적용하면 공부할수록 뇌가 바뀐다고 해석할 수 있다. 기분 좋은 소식 하나를 더하자면 30세든 60세든 백발노인이든 간에 나이에 상관없이 공부를 하면 뇌는 발달한다. 그러니 오늘부로 '뇌세포의 생성은 어린 시절에만 일어나고 늙으면 더 이상 뇌세포가 생성되지 않는다'라는 잘못된 속설은 잊길 바란다.

아, 한 가지는 확실히 하고 넘어가야 한다. 갓난아이든 백발노인이든 간에 뇌세포는 평생에 걸쳐서 새롭게 생성되지만, 뇌세포의 개수를 늘리는 것은 현실적으로 어렵다

'뇌세포는 새롭게 생성되지만, 뇌세포의 개수를 늘리기 어렵다'라… 술은 먹었지만, 음주운전은 하지 않았습니다 같은 말장난인가? 라고 생각하는 독자도 있을 것이다. 그렇게 생각했다면 집중하시라.

뇌세포가 매일 새로 생성되는 건 맞다. 문제는 새로 생성된 뇌세포가 죽어버린다는 것이다. 새로 생성된 뇌세포가 생존할 확률은 나이가 들수록 적어진다. 80세 백발노인에게서도 수많은 뇌세포가 매일 생성되지만, 생성된 뇌세포들이 생존할 확률은 극도로 낮아지는 것이다.

이렇게 새로 생성된 뇌세포가 죽는 이유는 제 역할을 찾지 못해서이다. '역할을 찾지 못해 죽는 것'이라면 역할을 찾아주면 되는 거 아닌가?

맞다. 역시 당신은 똑똑하다. 뇌세포를 죽게 내버려 두지 않으려면 뇌세포에게 역할을 부여해야 한다. 역할을 부여하는 방법은 간단하다. 새로운 내용을 배우면 된다. 그러면 우리의 뇌는 새로 생성된 뇌세포에게

기억을 저장하게 한다. '기억 저장'이라는 역할이 부여된 뇌세포는 기존에 있던 뇌세포들처럼 생존할 수 있다.

나이가 들어서 뇌세포의 개수가 고정되어 있다고 해도, 공부를 하면 머리가 좋아진다. 사실 머리가 좋다는 건 뇌세포의 개수에 있지 않다. 머리가 좋다는 건 뇌세포 간의 연결에 있다. 쉽게 설명해보겠다. 860억 개의 뇌세포는 홀로 가만히 있는 것이 아니고 서로 연결되어 있다. 물론 860억개가 서로 모두 연결되어 있는 것은 아니다. 관련 있는 뇌세포들끼리만 연결이 되어있다.

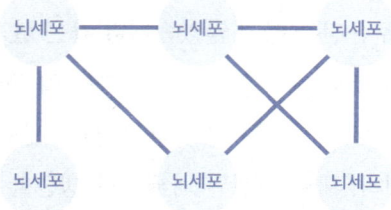

뇌세포들은 서로 연결되어 있다.

이런 뇌세포 간의 연결이 많은 사람을 우리는 흔히 똑똑하다고 한다. 거미줄처럼 연결되어 있으면 있을수록 똑똑한 것이다. 그럼 어떻게 뇌세포 간의 연결을 많이 늘릴 수 있을까?

바로, 새로운 내용을 학습하는 것을 통해서다. 공부를 통해서다. 새로운 내용을 공부하면, 그 내용은 새롭게 생성된 뇌세포 간의 연결에 저장된다. 뇌세포에 저장되는 게 아니다. '연결'에 저장되는 것이다. profit-이익 이라는 새로운 단어를 학습했다고 하자. 그러면 뇌세포 간의 연결이 새로 생성되고, 그 안에 단어가 저장된다.

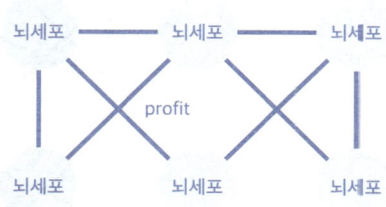

학습하는 내용은 '연결'에 저장된다.

아는 것이 많고 똑똑하다는 것은 뇌세포의 개수가 많은 것이 아니다. 거미줄처럼 뇌세포 간의 많은 연결이 형성되어 있다는 것이다. 뇌세포는 단지 연결을 만들어낼 수단이라고 생각하면 이해하기 쉬울 것이다.

뇌세포 간의 연결 개수가 증가하는 것을 보고, 뇌과학자들은 뇌가 '발달'한다고 말한다. 뇌가 발달하는 것은 뇌세포의 개수와도 연관이 있지만, 그것보다는 연결의 수에 있다. 아인슈타인과 일반인의 뇌세포 개수는 엄청나게 많이 차이 나지 않는다. 차이가 나는 것은 바로 연결의 개수이다. '연결의 수=뇌 발달의 정도'라고 생각하면 쉽다.

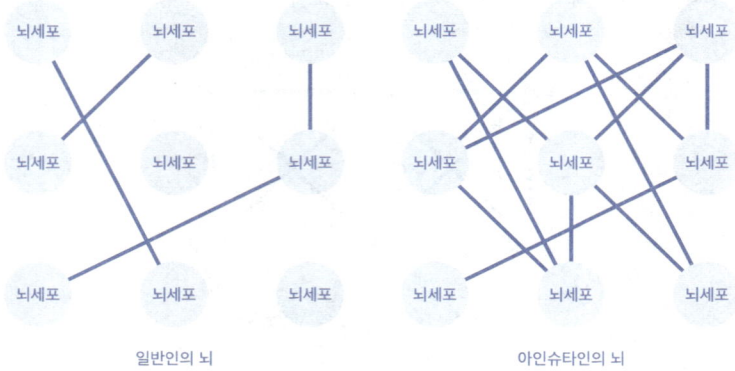

일반인의 뇌 　　　　　　아인슈타인의 뇌

당신이 앞으로 살아가면서 생성할 수 있는 뇌세포 연결의 개수는 거의 무한대에 가깝다. 이 말은 당신은 평생에 걸쳐서 뇌를 계속 발달시킬 수 있다는 것을 의미한다. 물론 가만히 있는다고 발달되지는 않는다. 공부를 해야 발달한다.

공부한 내용을 까먹지 않는 방법

공부를 하면 뇌세포 간의 연결이 새롭게 생성된다는 것을 살펴봤다. 이것 이외에도 공부할 때 발생하는 일이 한 가지 더 있다.

학습했던 내용을 복습하면 어떤 일이 발생할까? 같은 내용을 반복한다고 해서 새로운 연결이 생성되지는 않는다. 다른 일이 발생한다. 바로 '강화'라고 불리는 현상이다. 강화는 뇌세포 간의 연결이 끈끈해지고 강력해지는 것을 의미한다.

새로운 내용을 공부하면 새로운 연결이 생겨난다. 이렇게 새로 생겨난 연결은 힘이 약한 상태이다. 힘이 약한 연결은 끊어지기 쉽다. 연결이 약해서 끊어진다는 것은 그 안에 저장된 내용을 까먹는다는 것이다. 생성된 연결은 여러 번 사용되어야 강화된다. 복습해야 연결이 강화돼서 끊어지지 않을 수 있다.

같은 내용을 반복해서 연결이 강화되면, 해당 내용을 기억할 수 있을 뿐만 아니라 뇌세포 간의 의사소통도 빨라진다. 연결이 잘 되어 있으니까 신호를 잘 전달받을 수 있는 것이다. 뇌세포 간의 의사소통이 빨라진다는 것은 뇌의 정보처리 속도가 빨라진다는 것이다. 뇌의 정보처리 속도가 빠르다는 것은 흔히 말하는 두뇌 회전이 빠르다는 것이다. 주변에 두뇌 회전이 빠른 친구가 한 명쯤은 있을 것이다. 실제로 그런 친구의 뇌를 들여다보면, 뇌세포 간의 연결이 끈끈하고 강하게 생성되어 있는 것을 볼 수 있을 것이다.

지금까지 내용을 정리하면, 새로운 것을 공부하면 뇌세포 간의 연결이 생성되고 그 내용을 반복하면 그 연결이 강화되면서 정보처리 속도,

두뇌 회전 속도가 빨라진다. 한마디로 요약하면 공부하면 머리가 좋아진다는 것이다.

현재 머리가 안 좋다면 과거에 공부를 안 해서 그렇다

앞서 살펴봤듯이 공부는 뇌를 똑똑하고 민첩하게 만든다. 이것은 전혀 관련 없는 서로 다른 분야에서도 마찬가지로 적용된다. 당신이 토익 시험을 위해 열심히 공부하면, 이것은 뇌 자체를 발달시킨다. 이렇게 업그레이드된 뇌는 미래에 토익 시험과 관련 없는 다른 공부를 할 때도 도움이 된다. 전혀 관련이 없는 미술을 공부할 때도 도움이 된다. 공부하는 행위는 특정 분야에서의 지식을 쌓아주는 것뿐만 아니라 뇌 자체를 업그레이드시킨다.

주위를 살펴보면 새로운 것을 금방금방 배우는 머리 좋은 사람이 있을 것이다. 물론 그 사람이 지능 자체가 높아서 빨리 배우는 것일 가능성도 있지만, 대부분의 경우 어렸을 때 공부를 열심히 한 적이 있을 가능성이 크다. 어렸을 때 했던 공부 행위 자체가 뇌를 발달시켰고, 그 발달된 뇌를 가지고 새로운 것을 남보다 빠르게 배우는 것뿐이다.

내 주변에도 소위 머리 좋다는 이야기를 듣는 친구가 몇 명이 있다. 신기하게도 그 친구들에게는 공통점이 있다. 어렸을 때 독서를 많이 한 적이 있다는 것이다. 그런데 신기한 점은 그 친구들 중 지금까지 독서를 꾸준히 해온 친구는 몇 없다는 것이다. 단지 어렸을 때 독서를 많이 했다는 것만으로도, 아직까지 똑똑함을 유지할 수 있다는 것이다.

실제로 독서는 뇌를 발달시키는 가장 빠른 방법이다. 초등학생 때나 중학생 때 몇 년 동안 독서를 능동적으로 했던 적이 있는 사람은 인생을 훨씬 쉽게 살아갈 수 있다. 어렸을 때 업그레이드된 두뇌의 혜택을 평생에 걸쳐 계속 받기 때문이다.

당신의 현재 뇌 상태는 과거에 했던 공부와 독서의 양에 달려있다. 현재 머리가 별로 안 좋다면, 과거에 공부를 안 해서 그렇다. 현재 머리가 좋다면, 과거에 공부를 많이 해서 그렇다. 물론 머리가 좋은 것은 유전적인 부분도 있겠지만 그렇게 결정적인 요인은 아니다. 과거에 했던 공부의 양이 더 크다.

당신이 하고 있는 공부는 당신을 똑똑하게 한다

앞서 살펴봤듯이 과거에 했던 공부는 당신의 뇌를 똑똑하고 민첩하게 만든다. 이것이 시사하는 바는 무엇일까? 당신은 평소에 어떤 분야를 공부하고 있을 것이다. 시험 공부일 수 있고 토익 공부일 수 있고 직장 업무 관련 공부일 수 있다. 혹은 이 책을 읽는 행위도 공부다. 당신이 알아야 할 사실은 어떤 분야를 공부하든 간에 그 공부하는 행위가 당신의 뇌를 똑똑하게 만든다는 것이다.

토익 공부를 열심히 한다면 그만큼 뇌가 발달할 것이고, 열심히 하지 않는다면 그만큼 뇌가 덜 발달할 것이다. 수업을 열심히 듣는다면 그만큼 뇌가 발달할 것이고, 열심히 듣지 않는다면 그만큼 뇌가 덜 발달할 것이다. 열심히 이 책을 읽는다면 그만큼 뇌가 발달할 것이고, 열심히 하지 않는다면 그만큼 뇌가 덜 발달할 것이다.

당신이 어떤 분야를 공부하든 간에 열심히 한다면, 뇌는 그만큼 더 많이 발달한다. 그러면 당신은 미래에 새로운 분야를 더 빠르게 공부할 수 있게 된다. 이것은 평생에 걸쳐 지속되는 효과이다.

이는 스포츠와 비슷하다. 당신이 생각하기에 세계적으로 축구를 가장 잘하는 사람을 한번 떠올려보라. 그리고 당신 친구 중 한 명을 떠올려보라. 그 축구선수와 당신 친구 모두 골프를 쳐본 경험이 없다고 가정하자. 이 둘이 똑같은 조건에서 골프를 배우기 시작한다면, 누가 더 잘하게 될까? 당연히 축구선수다. 그 이유는 뭘까? 축구선수는 축구로 키운 운동 능력이 어마어마하기 때문에 다른 새로운 스포츠를 시작할 때 더 빨리 배울 수 있기 때문이다.

스포츠처럼 공부도 마찬가지다. 한 분야에서 열심히 공부해 뇌를 발달시킨 사람은 다른 새로운 분야를 할 때도 남들보다 더 빨리 배운다.

나는 공부법 컨설팅을 할 때 종종 이런 이야기를 듣곤 한다. '수학 공부해서 어디에 써먹나요?', '토익 공부해도 회사에서 쓰지도 않을 텐데 왜 공부해야 하는지 모르겠어요' 당신도 비슷한 의문을 가진 적이 있을 것이다.

하지만 당신이 지금 하고 있는 공부는 상당히 유의미하다. 비록 그 내용을 평생 절대 다시 사용할 일이 없더라도 말이다. 공부하는 행위 자체가 뇌를 똑독하게 만들기 때문이다. 공부를 열심히 해서 똑똑해진 뇌를 가지게 된 사람은 인생을 비교적 쉽게 살아갈 수 있게 된다. 새로운 분야의 공부는 물론이고 인간관계, 회사 업무, 발표 등 모든 분야에서 지금보다 더 잘할 수 있게 된다.

근육은 쓰면 쓸수록 커진다는 것은 모두가 당연하게 알고 있는 사실이다. 커지는 게 눈에 보이기 때문이다. 하지만 뇌는 쓰면 쓸수록 발달한다는 것은 당연하게 여겨지지 못하는 사실이다. 눈에 보이지 않기 때문이다. 이번 챕터를 잘 읽어서 공부하는 행위가 뇌를 똑똑하게 만들어 준다는 사실을 알게 되었더라도 그것을 잘 인지하지 못할 수도 있다. 눈에 보이지 않기 때문이다.

신경가소성에 의해 뇌가 성장할 수 있다는 사실을 알게 된 당신은 앞으로 이렇게 생각해야 한다. '내가 오늘 했던 1시간의 공부는 내 뇌를 10 정도 발달시켰어. 오늘도 머리가 똑똑해졌다.'

이렇게 공부할 때마다 뇌가 발달하고 있다는 것을 인지하는 것은 중요하다. 그렇게 인지하고 나면 아무리 재미없고 반강제적으로 하는 과목을 공부하더라도, 유의미하다는 것을 알게 되어서 공부할 동기가 생길 것이다. 공부를 할 때마다 자신의 뇌가 발달하고 있음을 꼭 인지하길 바란다.

국어 5등급이 독서광이 된 비결

재미있는 이야기를 하나 들려주겠다. 1챕터에서 말한 것처럼, 나는 고등학교 시절 열심히 공부했지만 전과목 성적은 최하위권이었다. 그중에서도 국어 실력은 밑바닥을 기는 것도 모자라 지구의 내핵까지 파고들 기세였다.

공부에 많은 시간을 투자하지 않았더라면 억울하지는 않았을 텐데, 국어에 많은 시간을 할애했음에도 불구하고 국어 공부를 따로 하지 않는 친구들보다도 성적이 월등히 낮았다. 시간 내에 문제를 다 풀지 못하는 것은 물론 읽은 지문의 내용조차 잘 이해가 안 갔다.

매번 모의고사에서 '5'라는 숫자를 사랑하는 내 등급과 시험지에 내리는 소나기는 나로 하여금 '내 언어 능력 수준은 타고난 건가 보다, 더 나아지긴 힘들겠다'라는 결론을 내리게 했다(이 당시엔 국어 영역이 아니라 언어 영역이었다).

그러다 대학교에 와서 우연한 계기로 책을 읽기 시작했다. '토끼전' 빼곤 딱히 기억에 남는 책이 없을 정도로 독서를 하지 않은 상태였기에, 내 독해력은 토끼전에 나오는 자라의 전력질주 속도와 비슷했다. 그래서 처음엔 책을 다 읽는데 2주가 넘게 걸렸다. 내용을 금세 잊은 건 덤이다. 그래도 읽는 순간만큼은 재미있었기에 꾸준히 읽었다.

그렇게 1년쯤 지나자, 변화가 생겼다. 읽는 속도가 빨라졌고, 생생히 기억나는 내용이 많아졌다. 독해 속도가 자라에서 토끼로 업그레이드된 느낌이었다. 이때부터 독서에 대한 흥미가 늘어나 하루에 2-3시간씩은 꼭 독서를 했다.

그로부터 수년이 지난 지금, 책을 읽는 속도는 책을 1년 정도 읽었을 때와 거의 비슷하다. 그때와 달라진 점이 있다면 두 가지이다. 첫 번째는 책이 입체적으로 읽힌다는 것이다. 읽고 있는 부분이 이 책의 맥락에서 어떤 부분을 차지하고 있는지, 이번 챕터의 주제와 어떤 연관이 있는지 등이 책을 읽을 때 저절로 파악이 된다. 두 번째는 읽은 내용의 많은 부분을 기억할 수 있게 됐다. 과거에는 읽은 책 내용의 대부분을 까먹었지만, 지금은 상당히 많은 부분을 기억할 수 있게 됐고 그 내용을 실생활에서 사용할 수 있게 됐다.

내 스토리를 통해 당신에게 이야기하고 싶은 것은 머리는 쓰면 점점 좋아진다는 것이다. 보통 독해력은 타고나서 후천적으로 키우기 힘든 고정불변의 영역이라고 여겨지지만, 독해력도 사용하면 사용할수록 체감할 수 있을 정도로 향상될 수 있다. 독해력도 향상 가능한데 어떤 능력이라고 그러지 못할까? '머리는 쓰면 쓸수록 좋아진다'를 증명하는 사례들이 넘쳐나는데도 불구하고 '난 원래 이래'라고 푸념하며 일찌감치 포기하는 무리에 섞이고 싶다면, 이쯤에서 책을 덮어도 좋다.

하지만 신경가소성의 힘을 깨닫고 계속 읽기를 택한 독자라면 어떤 분야를 공부하고 있든 열심히 하길 바란다. 당신이 하는 그 공부가 당신의 뇌를 똑똑하게 만들어 앞으로의 인생을 보다 쉽게 만들어줄 것이다.

제3장

9시간 공부, 5시간 만에 끝내기 '인출'

남들보다 1.8배 뛰어나지기 '인출'

공부법 컨설팅 만족도 1위 '인출'

공부법 컨설팅이란 고객이 처한 상황과 평소 공부 습관을 고려해서, 공부 효율을 극대화할 수 있는 전략과 팁을 제시하는 서비스이다. 공부법 컨설팅 후 시험에 패스하거나 취업에 성공하고 안부 연락을 하는 분들이 계신데 그분들이 이구동성으로 하는 말이 있다. "전부 도움이 되었는데 그중에서도 '인출' 덕분에 적게 공부하고 시험에 통과할 수 있었어요."

나 역시 활용했던 공부법 중 가장 공부 효율성을 높였던 것은 '인출'이었다. 인출 덕분에 방대한 양의 시험 범위나 수백 수천 개의 단어를 벼락치기 혹은 단기간에 암기하고도 장기기억으로 남길 수 있었다. 수치로 표현하자면 인출을 알기 전에는 공부한 내용의 20%정도만 다음날 기억할 수 있었다면, 인출을 적용한 후에는 공부한 내용의 50% 이상을 다음날 기억할 수 있게 되었다. 공부 효율이 2.5배 상승한 것이다.

당신은 공부한 내용을 오래도록, 잘 기억하는 편인가? 또는 암기를 잘하는 편인가? 그렇지 않다면 이번 챕터의 내용을 평생토록 기억에 남기겠다는 생각으로 읽길 바란다(굳이 다짐하지 않더라도 그렇게 될 것이다). 이미 잘 기억하고 암기를 잘하는 편에 속하는 사람일지라도 '인출'을 활용하면 당신의 그 능력을 한층 더 업그레이드시켜줄 것이다.

당신의 학습 방식은?

인출이 무엇인지 알아보기 전에 당신의 학습 방식을 한 가지 점검해 보자. 당신은 영어 단어를 어떤 방식으로 외우는가?

1. 스펠링이나 뜻을 종이에 쓰면서 외운다.
2. 영어 단어의 발음을 소리 내면서 외운다.
3. 영어 스펠링을 보고 한글 뜻을 떠올리는 방식으로 외운다.
4. 영어 단어장을 반복적으로 훑어본다.
5. 영어 발음을 들으며 외운다.

아마 당신은 위 방식 중 하나, 혹은 두 가지 이상의 방식을 결합해서 외웠을 것이다. 또는 보기에는 없는 당신만의 창의적인 방식으로 외웠을 것이다.

이처럼 대개 사람마다 단어를 외우는 방식이 다르다. 어떤 사람은 스펠링을 쓰면서 외우고 어떤 사람은 발음을 소리 내면서 외운다. 왜 사람마다 학습 방식의 차이가 나타나는 것일까? 사람마다 각자에게 맞는 효과적인 학습 방식이 있는 것일까?

이에 대한 답을 하기 전에, 영어 단어를 종이어 반복적으로 쓰면서 암기하는(일명 깜지) 대학 동기 A의 이야기를 하지 않을 수 없다. 그 당시 깜지가 비효율적인 암기 방법 중 하나라는 것을 알고 있던 나는 깜지를 사랑하는 A를 보고 그냥 지나칠 수 없었다. 그래서 A에게 "종이에 쓰면서 암기하는 건 비효율적이다… 그만하고 인출의 세계로 와라" 넌

지시 말하면 A는 "나는 종이에 쓰면서 암기해야 가장 잘 외워져"라고 주장했다. 아마도 '쓰면서 암기하는 방식이 내게 가장 잘 맞는다'라고 굳게 믿는 것 같았다. 혹시 A에게서 자신의 모습을 보았는가? 혹은 깜지가 아니더라도 남들이 사용하지 않는, 당신에게만 효과가 있는 공부 방법이 있을 것 이라고 믿고 있는가??

'맞춤형 학습방식'은 헛소리다

공부를 효율적으로 하고 싶어하는 고객에게 그럴 수 있는 방법을 제안 하는 것이 내 일이다. 그런데 가끔 고객분께서 이런 말을 한다. "근데 저는 지금 하고 있는 방식이 더 잘 맞는 것 같은 느낌이 들어요."

죄송한 말이지만 결론부터 말하자면 그 느낌은 허상이다. '맞춤형 학습방식'은 없다. 안 믿기겠지만 사실이다. 당신이 스펠링을 쓰면서 외우는 방식이 잘 맞는 것 같다고 느껴도 그건 느낌일 뿐. 실제로는 효과가 없다.

쓰면서 외우고
음악을 들으며 공부하고
같은 내용을 반복해서 보는 것이
'공부가 잘된다'라는 느낌을 줄지는 몰라도
실제론 비효율적인 방법으로 공부하고 있는 것이다.

이처럼 각자 선호하는 학습 유형에 맞게 지도를 받으면 더 잘 배울 수 있다는 견해가 널리 퍼져 있다. 청각 자료나 시각 자료로 학습할 때 더 잘 배우는 사람들이 있다는 식이다. 하지만 이 견해는 실증적인 연구로 입증되지 않았다.[2]

개인화된 학습 방식이란 존재하지 않는다. 일단 이것을 인정해야 학습 방식을 개선할 수 있다. 당신은 학습 효율을 높이기 위해서 이 책을 읽고 있을 것이다. 그렇다면 당신의 '느낌'에 의존하면 안 된다. '난 N회독 학습법이 공부가 잘돼' 같은 개인적인 느낌 말이다. 지금 하고 있는 공부 방식이 공부가 잘되는 것 같은 '느낌'을 준다고 해서 실제로 효과가 보장되는 것은 아니다.

인지심리학자들은 이런 경험과 직관에 의존하기보다는 높은 효과를 올릴 수 있는 학습 전략을 발견하고 증거들을 찾는 데 40년 이상 매진해왔다.[3]

그리고 인지심리학자들은 마침내 알아냈다. 객관적이고 효율적인 학습 방식이 '인출'이라는 사실을 말이다.

가장 효율적인 학습법-인출

간단한 퀴즈로 시작하겠다.
※참고로 이 장은 퀴즈가 많아서 지루할 틈이 없을 것이다.
중요한 개념이니 아래 질문에 성실히 답하길 바란다.

1. 당신이 3일 전 먹었던 점심 메뉴는 무엇인가?
2. 신데렐라의 ㅇㄹㄱㄷ, 여기서 ㅇㄹㄱㄷ는 어떤 단어의 초성인가?

당신은 방금 위 두 가지 질문에 답하기 위해 머릿속으로 다음과 같이 생각했을 것이다.

'3일 전 먹은 점심이 뭐더라… 아 소시지 야채 볶음.'

'신데렐라의 ㅇㄹㄱㄷ? 유리구두잖아'

위와 같이 특정 질문에 답하기 위해서 기억을 더듬거나 초성과 같이 특정한 단서로 전체 답을 기억해내는 등의 모든 사고 과정을 '인출'이라고 한다. '인출'을 공부의 관점에서 해석하자면 학습했던 내용을 머릿속에서 외부로 꺼내는 행위다.

첫 번째 퀴즈에서는 '3일 전 점심 메뉴'라는 단서로 '소시지 야채 볶음'이라는 기억을 외부로 꺼낸 것이고, 두 번째 퀴즈에서는 'ㅇㄹㄱㄷ'라는 단서로 '유리구두'라는 기억을 외부로 꺼낸 것이다.

그렇다면 교과서나 개념서 읽기, 인강 시청, 영단어장을 여러 번 훑어보기는 인출일까? 아니다. 외부에서 머릿속으로 지식을 집어넣는 행위는 인출이 아니다.

반대로 퀴즈나 시험과 같이 질문을 보고 답을 적거나 4지선다형, 5지선다형의 정답을 고르는 행위는 머릿속에서 지식을 꺼내는 행위이기 때문에 인출이다.

기억은 연결되어 저장된다

당신은 인출이 무엇이고, 인출이 아닌 학습법은 무엇인지 구분할 수 있게 됐다. 이젠 '도대체 왜 인출이 효율적인 학습법인가'라는 궁금증을 해결할 시간이다.

인출이 왜 효율적인 학습법인지를 깨닫기 위해선, 기억이 형성되는 과정에 대한 이해가 필요하다. 이 뇌과학 지식을 쉽게 설명하기 위해 비유를 활용할 것이다. 디테일한 내용은 현실과 약간 다를 수 있으나 쉽게 전달하기 위함이니 너그럽게 이해해주길 바란다.

당신이 오늘 공부하는 내용은 어떻게 기억에 저장될까? 컴퓨터에 정보가 저장되듯이 차곡차곡 쌓일까? 아니면 파편처럼 여기저기에 분산되어 저장될까?

기억의 메커니즘은 아직 정확히 밝혀지지 않았다. 특히 기억이 정확이 어디에 저장되는지 찾아내는 것은 아직도 뇌과학의 중요한 도전 중 하나다.

기억은 계속 연구되어야 하는 주제이지만, 학습 효율을 높이기 위한 부분은 충분히 연구되었다. 학습 효율성을 높이겠다는 목표를 달성하기 위한 연구는 충분히 진행되었다.

인간의 기억 저장 방식을 살펴볼 땐, 컴퓨터의 기억 저장 방식과 비교하는 경우가 많다. 이해하는 데 도움이 되기 때문이다. 컴퓨터는 기억을 차곡차곡 저장한다. 컴퓨터 기억의 용량이 100이라고 가정하자. 용량 1당 하나의 개념을 넣을 수 있다고 하자. 영어 단어를 저장하는 컴퓨터라고 하면, 용량 1에 단어 하나를 저장할 수 있는 것이다. 지금 컴퓨터의 용량이 50까지 차있다고 하면, 다음에 저장되는 개념은 51번째 공간에 저장될 것이다. 그다음은 52번째 공간에, 그다음은 53번째 공간에 저장될 것이다. 이렇게 컴퓨터의 기억은 순차적으로 차곡차곡 저장된다. 책장에 책을 한 권씩 순차적으로 채워 넣듯이 말이다.

컴퓨터가 A라는 개념을 기억에 저장했다고 하자. 그러면 다음에 A라는 개념을 끄집어내기 위해서는 즉 인출하기 위해서는 어떻게 탐색해야 할까? 1번째 공간부터 100번째 공간까지 순차적으로 하나씩 살펴보면서 A가 있는지 살펴봐야 한다. 공간 1, 공간 2, 공간 3 이런 방식이다. 51번째 공간에 A가 저장되어 있었다면, 51번째 탐색에서 A를 찾을 수 있을 것이다. 이렇게 컴퓨터는 기억을 끄집어낼 때, 즉 인출할 때 1번째 공간부터 100번째 공간까지 순차적으로 탐색한다.

이제 인간의 기억 저장 방식에 대해서 살펴보자. 쉽게 설명해보겠다.

하나의 상황을 가정해보겠다. 토익을 공부하는 민지라는 학생이 있다. 민지는 오늘 집 앞에 있는 에티오피아라는 이름의 카페에서 공부하기로 했다.

에티오피아에 도착한 민지는 단어를 외우기 시작한다. 단어장을 펴자 처음 나온 단어는 'profit-이익'이다. 발음을 홍얼홍얼 거리던 도중에, 누군가가 그녀에게 인사한다. 그녀에게 인사한 사람은 고등학교 동창 '은지'였다. 오랜만에 만나서 반가워 1시간 정도 수다를 떨고 나서, 이 둘은 에티오피아 카페 옆에 있던 어반101이라는 음식점에서 식사를 하러 간다. 그렇게 식사를 마치고 민지는 집에 들어간다.

민지의 스토리는 인간의 기억이 어떻게 저장되는지 살펴보기 위한 것이었다. 민지는 '에티오피아'에서 'profit-이익'을 외우던 도중 '은지'를 만났고 '어반101'이라는 음식점에 식사를 하러 갔다. 이렇게 경험했던 것들은 같은 다음과 같이 마인드맵처럼 기억에 저장된다.

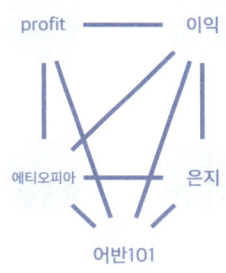

기억은 연결되어 저장된다.

기억은 연결되어 저장된다. 에티오피아에서 profit이라는 단어를 외웠기 때문에, 이 둘은 연결된다. 에티오피아에서 은지를 만났기 때문에, 이 둘도 연결된다. 은지와 101어반에 갔기 때문에 이 둘도 또한 연결된다.

이렇게 기억이 형성되고 난 다음 날 민지가 에티오피아에 갔다고 가정하자. 그러면 민지의 뇌는 '에티오피아' 기억 부분을 활성화시킨다, 이렇게 에티오피아가 활성화되면, 연결된 다른 기억들도 마찬가지로 활성화된다. 그 결과로 민지는 profit, 이익, 은지, 어반101이라는 기억이 자동으로 떠오르게 된다.

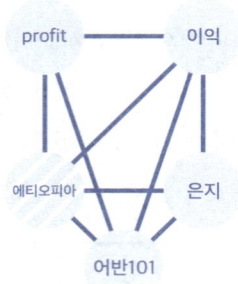

연결된 기억은 함께 활성화 된다.

몇 년 전에 졸업한 모교에 찾아가는 상황을 가정해보자. 교문을 넘어서 학교에 들어가는 순간 추억에 잠기게 될 것이다. 이유는 무엇일까? 학교라는 기억이 저장될 때 관련된 경험이 함께 저장되었고, 학교라는 기억이 활성화될 때 연결된 다른 기억들이 함께 활성화되기 때문이다. 이처럼 기억은 서로 연결되어 저장되고, 한 가지 기억이 인출되면 연결된 다른 기억들도 함께 인출되게 된다.

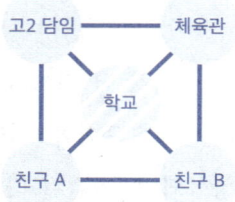

연결된 기억은 함께 활성화 된다.

시험을 보는 행위는 인출이다

이 내용을 공부에 적용해보자. 당신은 오늘 '최고의 학습법은 인출이다'라는 개념을 배웠다. 이 기억은 어떻게 저장될까? '최고의 학습법'이라는 기억과 '인출'이라는 기억이 연결되어 저장될 것이다.

그리고 다음 날 당신이 '최고의 학습법은?'이라는 문제를 본다고 가정하자. 이 문제를 보면, 당신의 뇌는 '최고의 학습법'이라는 단서와 연결된 것이 무엇인지 탐색한다. 일단 최고의 학습법이라는 기억이 어디에 위치해있는지 찾아야 한다. 이는 약간의 시간이 걸린다. 최고의 학습법의 위치를 찾았으면 그것과 연결된 것이 무엇인지 본다. '인출'이라는 것이 연결되어 있다. 뇌는 이것을 의식으로 끄집어내어 마침내 당신은 '인출'이라는 단어를 떠올리게 된다. 이 과정을 요약하면 다음과 같다.

1. '최고의 학습법은?'이라는 문제를 본다.
2. 기억에서 '최고의 학습법'이라는 단서의 위치를 찾는다.
3. 그와 연결된 기억들을 탐색한다.
4. '인출'이라는 정답을 떠올린다.

시험 문제는 뇌과학적으로 보면, 특정 단서를 주고 그 단서와 관련된 기억을 끄집어낼 수 있는지를 평가하는 것이다. 예를 들어 'profit의 뜻은?'이라는 문제가 있다면, profit과 연결된 기억을 끄집어낼 수 있는 가를 평가하는 것이다.

이렇게 우리는 단서를 주면, 그 단서와 연결된 기억들을 끄집어낼 수 있다. 그리고 이렇게 끄집어내는 행위를 인출이라고 부른다.

왜 기억이 안 날까?

앞서 살펴봤듯이 공부하는 내용은 서로 연결되어 저장되고, 특정 단서가 주어지면 그와 연결된 기억을 인출될 수 있다. 하지만 우리는 과거에 공부했던 내용을 까먹곤 한다. 혹은 몇 초 동안 기억을 더듬어야 떠올릴 수 있는 내용도 있다. 왜 그런 것일까?

'profit-이익'이라는 단어를 외웠다고 가정하자. 그러면 이 내용은 서로 연결선으로 연결되어 저장된다.

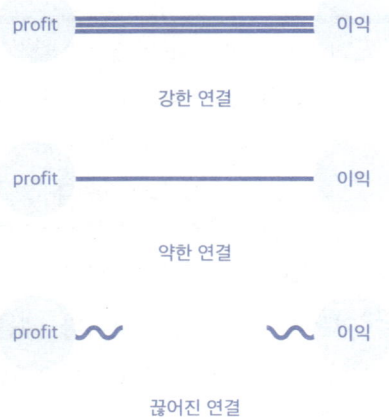

위 그림에서 주의 깊게 볼 부분은 '연결선'이다. 이 연결선은 강할 수

있고, 약할 수도 있고, 혹은 끊어질 수도 있다. 연결선이 강하면 기억 간의 신호 전달이 원활하게 된다. 원활하게 된다는 것은 profit과 이익 기억 간의 의사소통이 빠르다는 것이다. 연결선이 강하면, profit을 보자마자 '이익'을 반사적으로 떠올릴 수 있게 된다.

연결선이 약하면 기억 간의 신호 전달이 잘 되지 않는다. 신호 전달이 잘 되지 않으면, profit과 이익 간의 의사소통이 느리다. 시간이 오래 걸린다. profit이라는 단서를 봐도 '이익'이라는 기억이 빠르게 활성화되지 않는다. 어떤 것을 기억하기 위해서 몇 초 동안 기억을 뒤진 적이 있지 않은가? 이런 경우가 바로 연결선이 약한 경우이다.

연결선이 끊어지면, 서로 의사소통을 할 수 없다. profit이라는 단서를 봐도 '이익'이라는 기억이 활성화되지 않고, 반대로 이익이라는 단서를 봐도 profit이라는 기억이 활성화되지 않는 것이다.

당신이 특정 과목의 시험을 준비한다면, 연결선이 약하거나 끊어지지 않기를 바랄 것이다. 시험 시간은 한정되어있기 때문에 몇 초 동안 고민했다간 주어진 시간 내에 모든 문제를 풀지 못한다. 연결선이 끊어져서 기억이 안 난다면 더 곤란하다.

핵심은 연결선을 강하고 두껍게 만드는 것이다. 연결선이 잘 형성되어 있으면, 시험장에 가서 연결된 기억들을 0.5초 만에 빠르게 떠올려 정답을 고를 수 있을 것이다. 그렇다면 어떻게 연결선을 강화시킬 수 있을까?

인출은 기억을 강화한다

머릿속에서 기억을 끄집어내는 행위인 인출이 연결선을 강하게 만든다. 머릿속에서 기억을 자주 끄집어낼수록 인출된 기억의 연결선은 강화되어 빠르게 떠올릴 수 있는 지식이 된다.

다시 profit-이익 이라는 단어를 가져와보자. 처음 이 단어를 학습하면 profit과 이익이라는 기억들이 연결되는데, 처음에 기억이 형성될 땐 상당히 약한 연결선으로 연결된다. 새로운 무언가를 배우면, 다음에 잘 기억나지 않는 이유가 연결선이 약하게 형성되기 때문이다. profit-이익 단어도 마찬가지로, 처음에 학습하면 profit을 보고도 즉각적으로 이익이 떠오르지 않을 것이다. 혹은 아예 기억이 나지 않을 것이다.

profit과 이익 사이의 연결선을 강화하기 위해서는, 해당 기억을 끄집어내는 연습을 해야 한다. profit이라는 스펠링을 보고, 한글 뜻을 머리에서 직접 끄집어내는 연습을 해야 한다. profit이라는 단서를 보고 연결된 기억인 '이익'을 끄집어내면 연결선이 강화된다. 이렇게 인출을 활용해서 연결선을 강화하면, profit이라는 스펠링을 보면 '이익'이라는 뜻이 즉각적으로 떠오르게 된다.

스펠링과 한글 뜻이 같이 있는 것을 보고 학습하는 것은 연결선을 강화하지 않는다. 연결선을 강화하기 위한 핵심은 기억을 머리에서 직접 끄집어내는 것이다. 'profit-이익' 이렇게 영어와 한글 뜻이 같이 있는 단어를 아무리 반복해서 본다고 해도, 학습에 별 도움이 되지 않는다. 기억을 강화하기 위해서는 직접 머릿속에서 끄집어내야 한다. 스펠링을 가리든 한글 뜻을 가리든 해야 한다.

이 책의 내용도 마찬가지이다. 당신이 이 책을 읽는 동안 이 책과 관련된 기억들은 계속해서 생성된다. 이런 식일 것이다.

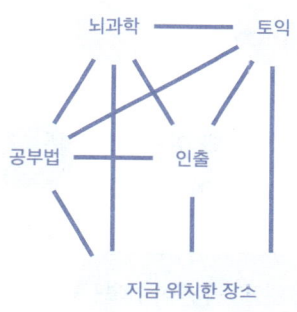

책 읽는 동안 형성된 기억

하지만 당신은 며칠 뒤에 대부분의 내용을 잊어버릴 것이다. 새롭게 생성된 기억의 연결선은 상당히 약하기 때문이다. 약한 연결선은 하루 이틀 지날수록 점점 약해지다가 끊어지게 된다. 당신이 이 책의 내용을 기억하기 위해서는 마찬가지로 인출을 해야 한다. 기억을 직접 끄집어내야 한다. 효과적인 방법 중 하나는 퀴즈를 만들어 놓는 것이다. '인출이 왜 효과적인가?'와 같은 질문을 몇 개 만들어두고, 그 질문을 보고 기억을 끄집어내는 것이다. 이렇게 끄집어내는 기억들은 연결선이 강화되어 잊지 않고 나중에도 떠올릴 수 있게 된다. 책을 반복적으로 2회독 3회독 하는 것도 물론 기억하는 데 도움이 되겠지만, 효율이 엄청 떨어진다. 10회독 하는 것보다 만들어놓은 퀴즈를 한번 풀어보는 게 기억 강화에 더 도움이 된다.

인출은 두뇌 회전을 빠르게 한다

profit-이익이라는 단어를 다시 보자. 당신이 이 단어를 처음 학습한 상태라면 연결선이 상당히 약한 상태일 것이다.

이런 상태에서 profit이라는 기억 단서를 보고 뜻을 떠올리는 인출 방식의 공부를 한다고 가정해보자. 연결선이 약한 상태에서는 '이익'이라는 뜻을 떠올리는 데 상당히 시간이 오래 걸릴 것이다. profit-이익 간의 연결선이 약해서, 신호가 잘 전달이 안 돼서 이익을 찾는 데 까지는 시간이 오래 걸릴 것이다. 떠올리는 데 5초 이상 걸릴지도 모른다.

이 5초 동안에서는 뇌에서는 무슨 일이 벌어질까? 5초 동안 당신의 뇌는 profit과 연결된 다른 기억들을 싹 다 뒤진다. 마인드맵처럼 기억을 5초 동안 타고 다니다가 마침내 '이익'이라는 항목을 발견하게 되어 떠오르게 되는 것이다.

이 5초 동안 타고 다니는 탐색 과정에서 엄청난 일이 발생한다. 그 엄청난 일은, 탐색했던 모든 기억들끼리 연결되고 연결선이 강화된다는 것이다. '이익'이라는 뜻을 발견하기 위해 뒤졌던 기억들 간에 서로 연결이 되고, 연결선이 강화된다는 것이다. 즉 인출 학습법을 통해서 뜻을 떠올릴 때는, profit과 이익 두 기억 간의 연결만 강화되는 것이 아니고,

그 뜻을 찾기 위해서 탐색했던 기억끼리 모두 연결되고 강화되는 것이다. 100개의 기억을 뒤졌다면, 그 100개의 기억들 사이에서도 연결선이 생기고 강화된다.

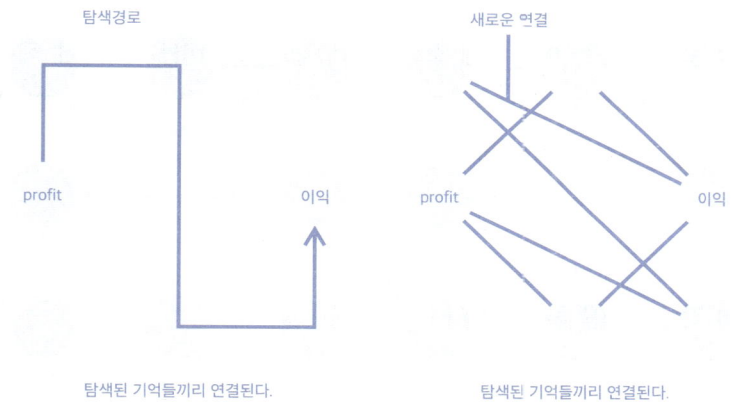

탐색했던 것들 사이에서 연결이 형성되고 연결선이 강화되면 얻는 이점은 두 가지이다. 첫 번째는 profit-이익의 직관적인 연결고리가 끊어져도, 다른 기억들을 통해서 빠르게 '이익'이라는 뜻을 떠올릴 수 있게 된다는 것이다.

두 번째 이점은 정보처리 속도가 빨라진다는 것이다. 반복적인 인출 학습으로 기억들 간의 연결이 강하게 형성되어 있으면, profit만 봐도 엄청나게 많은 내용을 한 번에 떠올릴 수 있게 된다. 마치 '인출'이라는 단어를 보면 이 챕터의 내용을 한 번에 다 떠올릴 수 있는 것처럼 말이다.

어떤 분야를 공부하든 인출을 통해 학습하면, 전혀 상관없는 것들 끼리의 연결선이 형성되면서, 기억을 타고 다니는 속도가 빨라진다. 두뇌 회전이 똑똑해 보이는 사람들은 선천적인 것일 수도 있지만, 대부분의 경우에는 인출을 통해 연결선을 많이 만들어두고 그것을 강화함으로써 그렇게 된 것이다.

이렇게 인출은 엄청나게 강력한 학습법이고, 시험을 잘 보게 해주는 것뿐만 아니라, 당신을 똑똑한 인간으로 만들어준다. 그래서 이번 챕터를 가장 중요한 챕터로 꼽는 이유이다.

머리를 쥐어뜯을수록 좋다

간혹 어떤 내용을 떠올리기 위해 오랫동안 머리를 붙잡고 있던 경험이 있는가? 한참을 생각하고 나서야 기억이 탁 떠오르는 경우 말이다. 이 대상은 단어가 될 수도 있고, 길 가다가 본 사람일 수도 있다.

이런 경우에는 포기하지 않고 떠오를 때까지 머리를 더 싸매야 한다. 단어가 잘 떠오르지 않는가? 길 가다가 본 사람이 누군지 기억나지 않는가? 이럴 땐 몇 초 동안 더 떠올리기 위해 애써야 한다.

앞서 살펴봤듯이 기억을 뒤지는 과정 속에서 기억이 강화되고 서로 연결된다. 이 말은 기억을 오래 뒤지면 오래 뒤질수록 기억이 더 강화된다는 것을 의미한다. 반대로 기억을 짧게 뒤지고 포기하면 기억은 덜 강화된다.

인출 방식으로 학습할 땐, 빠르게 포기하고 답을 보면 안 된다. 좀 더 고민해봐야 한다. profit의 한글 뜻이 무엇인지 잘 기억이 안 나더라도 조금 더 떠올리려고 애써야 한다.

　기억을 떠올리기 위해 끙끙대는 시간은 무의미하지 않다. 엄청 유의미하다. 끙끙거리는 그 시간에 본인의 기억이 강화되고 있다는 것을 인식하고 그 행위를 즐겨야 한다.

1.8배 똑똑하게 만드는 인출

　인출이 효율적인 학습법이라는 연구 결과 두 가지를 살펴보자. 첫 번째는 한 중학교 생물 수업의 예이다. 연구자들은 교재의 일정 범위를 정해서 부담이 적은 시험을 세 번 실시했다. 또 다른 교재의 일정 범위 내에서는 시험을 보는 대신 세 번씩 복습을 하게 했다. 3단원은 시험 3번, 4단원은 복습 3번 이런 식이었다. 한 달 후 치른 시험에서 학생들은 어느 범위의 내용을 더 잘 기억했을까? 간단한 시험을 보았던 범위의 평균 점수는 A-였고 시험을 보지 않고 복습만 시킨 범위의 평균 점수는 C+였다. 간단한 시험이었지만 시험 자체가 기억을 끄집어내는 인출 행위이기 때문에 기억을 강화시킨 것이다.

　또 다른 연구에서는 학생들에게 같은 내용을 공부시켰다. 한 그룹의 학생들에게는 반복 읽기로 그 내용을 공부하도록 시켰다. 많은 사람들이 하는 공부 방식처럼 말이다. 또 다른 그룹의 학생들에게는 반복해서 시험을 보게 했다. 기억을 꺼내는 인출 방식으로 말이다. 일주일 후 두 그룹은 공부했던 내용을 얼마나 까먹었을까? 반복 읽기를 한 학생들은 52퍼센트의 내용을 잊었다. 반면, 반복해서 시험을 본 학생들은 10퍼센트의 내용만 잊었다.[4]

두 번째 연구사례가 상당히 인상 깊다. 두 집단은 같은 시간을 공부했다. 두 집단 모두 그 시간 동안 100의 공부량을 소화했다고 가정하면, 반복 읽기를 한 학생들은 일주일 뒤에 48의 공부량이 남아 있는 것이다. 반면 반복 시험을 한 학생들은 일주일 뒤에 90의 공부량이 남아 있는 것이다. 이것은 인출을 한 학생은 그렇지 않은 학생보다 같은 시간 동안 약 1.8배의 공부를 더 하게 된다는 것을 의미한다.

하루에 8시간 공부하는 A와 하루에 5시간 공부하는 B가 있다고 하자. A는 오랜 시간 공부하지만 반복 읽기로 공부한다. 반면 B는 짧은 시간 공부하지만 인출로 공부한다. 두 명 모두 한 시간에 100이라는 공부량을 소화한다고 하자. 하루에 A는 800, B는 500의 공부량을 소화할 것이다. 하지만 A는 일주일 뒤 48퍼센트의 내용만을 기억할 것이다. 공부량으로 환산하면 384이다. 반면 B는 일주일 뒤 90퍼센트의 내용을 기억할 것이다. 공부량으로 환산하면 450이다.

B는 A보다 하루에 3시간 덜 공부한다. 하지만 학습 방식의 차이로 A보다 더 많은 것을 공부한 게 된다. 매일 3시간씩 더 공부하는 A의 입장에서는 엄청 억울할 것이다.

인출은 일반적인 학습법보다 1.8배의 효율이 좋다. 당신이 하루에 5시간을 인출 방식으로 공부한다면, 일반적인 학습법대로 9시간 공부하는 학생과 같은 성적을 받을 수 있다. 매일 세이브되는 4시간은 당신 마음대로 쓸 수 있다. 공부를 더 해도 되고, 놀아도 된다.

인출 방식으로 놀면서도 공부를 잘하는 B가 되고 싶은가? 아니면 열심히 해도 공부를 못하는 A가 되고 싶은가? 선택은 당신 몫이다.

인출 방식 vs 인출 아닌 방식

시중에서 쉽게 접할 수 있는 공부법들이 인출 방식인지 아닌지 살펴보자. 이를 위해서 학습의 단계를 먼저 살펴보자. 학습은 두 단계를 거쳐서 일어난다.

1단계: 바깥에 존재하는 지식을 기억에 집어넣는 과정(외부→내부)

2단계: 기억에 있는 지식을 바깥으로 꺼내는 과정(내부→외부)

내부에서 외부에서 두 번째 단계가 바로 인출이다. 유튜브를 보는 행위는 외부→내부이다. 인출이 아니다. 어제 내가 봤던 유튜브 영상이 무엇이었는지 떠올리는 행위는 내부→외부다. 즉, 인출이다.

N회독 학습법은 인출을 활용한 학습일까? N회독은 한 교재를 n번(1번, 2번, 3번, …) 반복해서 보는 학습법을 의미한다. N회독 학습법은 인출이 아니다. 교재를 보는 건, 외부의 지식을 내부(기억)으로 집어넣는 행위일 뿐이기 때문이다. N회독 보다는 1회독만 하고 나서 이후에는 인출을 활용해 학습하는 것이 효율적이다.

인터넷 강의를 보는 것은 인출을 활용한 학습일까? 강의를 보는 건 인출이 아니다. 인강 강사님이 말씀하시는 지식을 내부(기억)으로 집어넣는 행위일 뿐이다. 강의를 봐서 새로운 기억을 형성했다면, 인출로 기억을 강화해야 한다.

오답 노트로 공부하는 것은 인출을 활용한 학습일까? 이건 상황에 따라 다르다. 오답 노트의 문제와 답이 함께 적혀있다면, 기억을 뒤지지 않기 때문에 인출이 아니다. 반면 오답 노트의 문제만 적혀 있고 이를 다시 풀고, 답을 나중에 확인하는 방식이라면 인출이 맞다. 기억을 끄집어내기 때문이다.

시험을 보는 것은 인출을 활용한 학습일까? 그렇다. 시험은 문제를 보고 답을 기억에서 끄집어낼 수 있는지를 평가하는 것이다. 시험의 문제는 기억을 꺼낼 단서인 것이다. 시험은 인출을 활용한 학습이 맞고 기억 강화에 상당한 도움이 된다. 시험은 실력을 평가하는 수단이기도 하지만, 기억을 강화시켜주는 수단이기도 하다.

백지 복습은 인출을 활용한 학습일까? 그렇다. 백지 복습은 인출 덩어리라고 할 수 있다. 백지 복습은 공부를 끝내고 나서 어떤 내용을 공부했었는지 백지를 펴놓고 쭉 적어보는 행위이다. 백지 복습은 기억을 강화하는 최고의 수단이다. 떠올리기 위해 기억을 뒤지는 시간이 길기 때문에 기억이 엄청나게 강화된다.

이렇게 시중에서 쉽게 접할 수 있는 학습법이 인출인지 아닌지 살펴봤다. 이제 당신도 특정 공부법이 인출인지 여부를 판단할 수 있을 것이다. 새로운 공부법을 접하게 될 때, 인출을 활용한 공부법인지, N회독처럼 공부하는 느낌만을 주는 공부법인지 스스로 판단해보길 바란다.

인출의 단점·귀찮음

당신은 이제 인출을 활용한 학습이 정말 효율적이라는 알게 되었을 것이다. 어쩌면 당신은 앞으로 인출을 활용해서 학습해야겠다고 결심했을지도 모른다.

하지만 인출을 활용한 학습에는 언급하지 않은 치명적인 문제점이 있다. 그것은 바로 귀찮다는 것이다. 시험을 보는 것과 백지 복습은 대표적인 인출 학습법이다. 당신이 이 책의 내용을 인출하고 싶다고 가정하자. 당신은 인출을 하기 위해 이 책의 내용을 시험지로 만들어야 한다. 만들기 귀찮지 않은가? 또는 백지 복습을 한다고 가정해보자. 백지 복습을 하기는 더 귀찮지 않은가?

이처럼 인출 학습법은 1.8배의 공부 효율을 가져다주는 장점이 있지만, 귀찮다는 단점이 있다. 게다가 시험 유형에 따라 다른 방식으로 인출을 해야 한다는 단점도 있다. 객관식 시험은 객관식으로 인출해야 하고, 주관식 시험은 주관식으로 인출해야 하고, 서슬형은 서술형으로 인출해야 한다. 복잡하다.

그렇다면 인출을 활용한 학습을 포기해야 할까? 그것은 아니다. 이제부터 소개할 내가 만들어낸 학습법이 있다. 이 학습법을 'A4 학습법'이라고 부르겠다. A4 학습법을 활용한다면, 인출의 단점을 모두 제거하고 장점만 취할 수 있다. 거창한 학습법은 아니니 쉽게 이해할 수 있을 것이다.

인출의 단점을 보완한 'A4 학습법'

나는 대학교 시절에 모든 과목의 시험을 A4 학습법으로 공부했다. 대학교 시험은 교수님마다 유형이 다르다. 객관식, 주관식, 서술형 등 다양한 시험 유형이 있다. 하지만 모든 유형의 시험을 A4 학습법으로 공부했다. A4 학습법은 시험의 유형과 상관없이 모두 적용할 수 있는 공부법이기 때문이다.

A4 학습법을 활용한 덕분에 나는 공부를 적게 하면서도 좋은 성적을 유지할 수 있었다. 놀면서도 과에서 1등을 할 수 있었고 대학교 수석 졸업을 할 수 있었다. 토익 만점도 수월하게 받을 수 있었다.

대학교 시험 기간에 종종 친구들과 학교 독서실에서 함께 공부하곤 했었다. 같은 시험 범위를 같은 시간에 공부하기 시작하더라도, 나는 동기들보다 훨씬 빠르게 공부를 마치곤 했다. 어떤 과목을 끝내는 데 동기들이 10시간이 걸린다면 나는 5시간이 걸리는 식이다. 동기들은 밤을 샜지만, 나는 일찍 잘 수 있었다. 나는 그렇게 공부 시간이 동기들보다 더 적었지만, 성적은 월등히 잘 받았다.

A4 학습법은 내게 고마운 존재이다. 나는 선천적으로 머리가 좋지 않

은 편이다. 고등학교 시절에는 열심히 했지만 거의 꼴찌였다. 하지만 대학교 시절에는 대학교 생활을 즐기면서도 늘 최상위권 성적을 유지할 수 있었다. 고등학교 시절과 대학교 시절의 나의 차이는 'A4 학습법' 단 하나였다.

A4 학습법은 다른 사람들에게 공개하고 싶지 않을 정도로 효율적인 학습 방식이다. 유료 컨설팅에서만 공개하던 내용이다. 컨설팅을 하면 여러 내용을 전달하는데, 가장 만족도가 높은 학습법 중 하나다. 공개하기 아까운 학습법인 건 사실이다. 하지만 A4 학습법이 나의 공부 인생을 바꿔 놓았듯이, 당신의 공부 인생도 바꿔 놓았으면 하는 마음에 이 학습법을 소개하려고 한다.

A4 학습법의 5단계

A4 학습법은 시험을 목표로 하는 공부와 취미로 하는 공부에 모두 적용할 수 있다. 또한 객관식, 주관식, 서술형 시험에 모두 활용할 수 있다.

A4 학습법을 위한 준비물은 A4 용지 여러 장이다. A4 용지가 없다면 노트를 여러 장 뜯으면 된다. 당신 앞에 A4 용지가 있다고 상상해보자. 그럼 이제 한 가지 상황을 가정해서 A4 학습법을 설명해보겠다.

[가정] '심리학의 이해' 과목의 중간고사를 준비하는 대학생
당신을 '심리학의 이해'라는 과목의 중간고사를 준비하는 대학생이

라고 가정하겠다. 중간고사는 단답형 주관식 문제로 나온다.〈문제:가장 효율적인 학습 방식은? 답:인출〉이와 같은 형식의 문제와 답이 단답형 주관식이다.

A4 학습법의 첫 단계는 시험 범위를 훑어보는 것이다. 1단원부터 4단원까지가 시험 범위라면 그 범위를 보면 된다. 시험 범위를 훑어볼 땐 분명한 목적성을 가지고 있어야 한다. 당신이 알고 있는 개념과 모르고 있는 개념을 구분하겠다는 것이다. 시험 범위의 내용을 훑어보다 보면, 내가 알고 있는 당연한 내용이 꽤나 많이 나온다. '심리학은 인간의 심리를 연구하는 과목이다' 같이 당연한 개념 말이다. 반면 내가 모르고 있는 개념, 시험 문제로 나오면 틀릴 것 같은 개념이 있다. '응용심리학은 일반적인 심리학 이론들을 경제, 정치, 범죄, 경영 등에 반영하여 응용한 것이다' 같이 어려운 개념이 그에 속한다.

시험 범위를 훑어보면서 당신이 모르고 있는 개념, 시험 문제로 나오면 틀릴 것 같은 개념들에 쭉 밑줄을 쳐야 한다. 학습할 것을 선별하는 것이다. 이렇게 하면 1단계는 끝난다. 1단계는 특별할 게 없다. A4 학습법이 아니더라도 시험 범위를 보면서 모르는 내용을 체크하는 것은 누구나 하는 것이기 때문이다.

2단계는 무엇일까? 밑줄 친 내용을 반복해서 보는 것일까? 그렇지 않다. 다시 한번 언급하지만, 인출 학습법의 핵심은 특정 단서를 통해서 특정 기억을 직접 끄집어내야 한다는 것이다. 외부에 정보가 이미 존재하면 뇌는 굳이 기억을 끄집어내지 않기 때문에 기억이 강화되지 않는다. 밑줄 쳐진 모르는 개념들을 골라낸 상태에서, 그것들을 반복적으로 읽는다고 해서 기억이 강화되지 않는다는 것이다. 하지만 대부분의 사람들은 이런 방식으로 공부한다. 우리가 해야 할 일은 밑줄 친 내용을 '퀴즈화'해서 인출할 수 있도록 만드는 것이다. 이것이 바로 2단계이다.

2단계는 밑줄 친 모르는 내용을 A4 용지에 퀴즈화하는 것이다. A4 용지를 반으로 접고, 접은 왼쪽에는 퀴즈의 질문을, 오른쪽에는 퀴즈의 답을 적는 것이다. 왼쪽엔 문제, 오른쪽엔 답이다.

당신이 밑줄 친 내용 중 하나가 '하워드 가드너는 다중지능이론을 제시하였다'라고 하면, 이렇게 퀴즈로 만들 수 있다.〈Q.하워드 가드너가 만든 이론은? A.다중지능이론〉혹은 이렇게도 만들 수 있다.〈Q.다중지능이론은 누가 만들었는가? A.하워드 가드너〉이런 방식으로 모든 밑줄 친 개념을 A4 용지에 퀴즈로 만드는 과정이 2단계다.

2단계 과정이 시간이 많이 소요돼 시간 낭비처럼 보일 수 있다. 하지만 이렇게 A4 용지에 퀴즈를 만드는 과정은 절대 시간 낭비가 아니다. A4 용지에 퀴즈를 만드는 과정 자체도 공부이고, 이 시간을 포함하더라도 일반적인 학습법보다는 학습 시간을 훨씬 절약할 수 있다. 반복 읽기가 시간 낭비이다. 어쨌든 2단계를 마치면, 밑줄 쳐진 모르는 개념들이 A4 용지에 퀴즈 형식으로 정리되어 있을 것이다.

정리된 퀴즈

*하워드 가드너가 만든 이론은?	다중지능이론
*응용심리학은?	일반적인 심리학 이론들을 경제, 정치, 경영 등에 반영하여 응용한 것
*교육심리학의 아버지라고 불리는 심리학자는?	에드워드 손다이크
*뇌는 사용하면 변한다는 개념은?	신경가소성
*뇌세포는 약 ____개가 있다.	860억

3단계는 정리된 A4 용지를 가지고 인출을 하는 것이다. A4 용지를 반으로 접고 질문을 보고 답을 떠올리는 방식으로 학습하면 된다. '하워드 가드너가 만든 이론은?' 질문을 보고, '다중지능이론' 답을 떠올리는 것이다. 답을 떠올리고 나서는 답이 맞는지 접힌 반대편을 보고 확인하면 된다. 이 과정을 반복하면 된다.

이렇게 인출 연습을 할 땐 빠르게 포기하지 않는 것이 중요하다. 답이 무엇인지 오랫동안 떠올릴 수록, 즉 기억을 뒤질수록 기억은 빠르게 강화되기 때문이다.

A4 용지 전체 내용을 반복 인출하다 보면, 70~80% 정도는 암기가 되어 있을 것이다. 많은 내용을 암기했을 땐 A4 용지 전체 내용을 반복해서 인출하는 것은 비효율적이게 된다. 이미 강화된 기억을 또 강화해봐야 그렇게 의미 있지는 않기 때문이다. A4 용지 전체를 어느 정도 외웠다면, 4단계에 돌입해야 한다(그런데 여기서 한 가지 주의해야 할 점은,

암기가 됐다는 것은 퀴즈의 질문을 봤을 때 답이 즉각적으로 튀어나온다는 것을 의미한다. 답을 떠올리는데 1초 이상 소요된다면 암기되지 않은 것으로 간주해야 한다. 그런 지식은 시험장에서 쓸 수 없기 때문이다).

4단계는 아직 암기되지 않은 퀴즈들을 선별하는 것이다. A4 용지 전체를 인출하면서 아직 즉각적으로 답을 떠올릴 수 없는 것들을 선별해서 질문 옆에 V 체크 표시를 하나 해주는 것이다. 그리고 나선 V 체크한 것만 인출 연습을 하면 된다.

그렇게 V 체크한 것만 인출하다 보면 V 체크한 것의 70~80% 정도는 암기가 되어 있을 것이다. 그러면 또다시 선별과정을 거쳐야 한다. V 체크 한 것 중에 아직도 암기 안 된 것에 V 체크를 한 개 더 하면 된다. 이후에는 V 체크 두 개 된 것만 인출하면 된다. 이렇게 V 체크 개수를 늘려가면서 모르는 개념을 줄여가면 언젠가는 A4 용지 전체의 인출 학습을 끝내게 될 것이다. 여기까지가 4단계이다.

안 외워진 것만 선별해서 외운다	
*하워드 가드너가 만든 이론은?	다중지능이론
∨응용심리학은?	일반적인 심리학 이론들을 경제, 정치, 경영 등에 반영하여 응용한 것
*교육심리학의 아버지라고 불리는 심리학자는?	에드워드 손다이크
*뇌는 사용하면 변한다는 개념은?	신경가소성
∨뇌세포는 약 _____ 개가 있다.	860억

4단계까지만 해도 학습이 완벽하게 끝났다고 할 수 있다. 하지만 4단계를 끝낸 당신의 마음에는 이런 의문이 들 수 있다. '체크 1개 한 것 까먹었으면 어떡하지?' 이런 불안을 없애기 위한 것이 그 5단계이다.

5단계는 A4 용지 전체를 다시 한번 인출하는 것이다. 이 과정은 짧은 시간이 소요된다. 인출을 통해 대부분의 내용이 기억에 강하게 자리잡았을 것이기 때문이다. A4 용지 전체의 내용을 쭉 인출하면서, 잊어버려서 즉각적으로 답이 튀어나오지 않는 퀴즈에만 별 표시 혹은 특별한 표시를 하면 된다. 그러고 나서 별 표시를 한 퀴즈만 인출하는 것으로 마무리하면 된다. 여기까지가 A4 학습법 5단계이다.

이렇게 A4 학습법 5단계까지 그날의 학습을 끝내면, 인출을 위해 만든 A4는 과감하게 버리는 것이 좋다. 그래서 노트가 아닌 A4를 활용하기를 권하는 것이다. 나중의 복습을 위해서 A4를 버리지 않고 보관해둔다면, 복습을 하지 않게 될 뿐만 아니라 이 종이들은 심리적 부담감으로 작용할 것이다. 이런 심리적 부담감은 공부를 지속하는 데 부정적인 영향을 끼친다. 또한 공부를 끝내고 A4를 버리는 행위는 뇌에 보상으로 작용한다. 보상을 받은 뇌는 공부라는 행위를 좋은 것으로 평가한다. 이런 보상은 다음 공부를 시작하기 쉽게 만든다. 즉 공부에 긍정적인 영향을 끼친다. 이러한 이유로 노트가 아닌 A4를 권하고, 공부를 끝낸 종이는 속 시원하게 쓰레기통에 버리길 바란다.

우리가 지금까지 살펴본 A4 학습법 5단계를 정리하면 다음과 같다.

1단계:공부 범위를 보면서 모르는 내용에 밑줄 친다.
2단계:밑줄 친 내용들을 A4 용지에 퀴즈화한다. 반 접고 왼쪽데는 질문 오른쪽에는 답
3단계:정리된 A4 용지를 반 접고 인출한다.
4단계:A4 용지에서 아직 암기되지 않은 내용들을 선별해 질둔에 V 체크 한다. 그 내용만 인출한다. V 체크를 누적하며 그 과정을 반복한다.
5단계:A4 용지 전체를 다시 한번 인출한다.

A4 학습법은 객관식, 주관식, 서술형 시험에 모두 활용할 수 있다

여기까지 A4 학습법에 대해 알아본 당신은 이렇게 질문할 수 있다. '저는 객관식 시험인데요?', '저는 서술형 시험인데요?' 위에서 만든 퀴즈의 형식은 단답형 주관식이었다. 그렇다면 객관식과 서술형 시험은 어떻게 대비해야 할까?

먼저 객관식에 대해서 말하자면, A4 학습법을 객관식으로 만들기 어려운 것은 사실이다. 하지만 객관식은 단답형 주관식으로 공부하는 것이 더 효율적이다. 보통 객관식 시험은 객관식으로 대비하는 게 효율적일 것이라고 생각하기 쉽다. 하지만 사실은 그렇지 않다. 객관식도 단답형 주관식으로 학습하는 것이 효율적이다.

객관식을 단답형 주관식으로 공부하는 것처럼 더 어려운 유형으로 학습하는 것을 '초과학습'이라고 한다. 많은 인지심리학자들은 객관식에 대해 초과학습을 하는 게 고득점에 유리하다고 한다. 초과학습은 망각을 방지할 수 있기 때문이다. 객관식은 단답형 주관식으로 공부하는 것이 효율적이다.

서술형 시험을 준비하는 경우에는, 퀴즈를 서술형으로 만들면 된다.<Q.하워드 가드너에 대해 설명하시오 A(그에 대한 내용)>이런 방식으로 말이다. 서술형은 서술형으로 A4 퀴즈를 만들면 된다.

A4 학습법은 이처럼 단답형 주관식, 객관식, 서술형 시험에 모두 활용할 수 있다. 또한 시험뿐만 아니라 당신이 읽고 있는 이 책에 활용할 수도 있다. 책을 읽으면서 꼭 기억하고 싶은 내용에 밑줄을 쳐놓고 그날 독서를 끝낸 후, A4 용지에 퀴즈를 만들고 인출을 하면 된다. 정말 쉽다. 이렇게 인출을 해두면 책의 내용의 상당 부분을 기억할 수 있고, 누군가에게 그 지식을 원래 내가 알고 있던 내용처럼 설명하는 자신을 볼 수 있게 될 것이다.

공부를 당신의 느낌에 맡기지 말라

최고의 학습법인 인출과 인출을 활용한 학습법인 'A4 학습법'에 대해서 구체적으로 살펴봤다. 이제 당신도 인출의 힘을 알게 됐을 것이다.

마지막으로 한 번 더 강조하고 싶은 이야기는 공부를 느낌에 맡기지 말자는 것이다. 이 챕터 초반부에서도 말했지만, 공부가 잘되는 느낌과 실제로 공부가 잘되는 것은 전혀 다르다. '나는 쓰견서 외우는 게 잘 외워져'라는 느낌은 허상이다.

과학적으로 입증된 효율적인 학습법이 있음에도 불구하고, 많은 사람들이 '공부가 잘되는 것 같다'라는 이 느낌 때문에 자신의 학습 스타일을 고집한다. 이 느낌이 바로 그동안 당신뿐만 아니라 수많은 사람들의 성적과 시간을 갉아먹었던 원흉이다.

많은 사람들이 자신의 학습 스타일을 고집하기 때문에 당신이 느낌이 아닌 인출을 인정한다면 수많은 사람들을 쉽게 앞지를 수 있다. 남들보다 매일 2시간씩 더 놀면서도 좋은 대학, 좋은 성적, 좋은 직장을 원하는가? 충분히 가능하다. 인출을 받아들이고 적극 활용한다면 말이다. A4 학습법이 당신의 절친한 친구가 되길 바라며 이 장을 마친다.

제4장

열정은 쓰레기다, 환경을 만들어라!

열정 없이도 누구나 하루 10시간 공부하는 방법

의지박약도 하루 10시간씩 공부하는 방법

시간 제약이 없다면, 사람은 하루에 최대 몇 시간까지 공부할 수 있을까?

'요즘 애들은 의지와 노력이 부족하다, 의지와 노력만 있다면 하루에 14시간도 공부 할 수 있다'라고 주장하는 '노력 찬양론자'들의 생각과는 달리 하루에 공부할 수 있는 시간은 사람마다 다르며 이는 대부분 선천적으로 결정된다.

내가 하루에 공부할 수 있는 최대 시간은 4~6시간이다. 하루에 4시간 정도는 부담 없이 할 수 있지만, 6시간 공부하면 그 이상은 집중하기 힘들다. 7시간도 억지로 할 수는 있지만, 의자를 박차고 일어나고 싶어서 몸이 근질근질해진다. 하루 최대 공부 시간으로 보면 나는 중위권 정도인 것 같다.

나는 의지력이 정말 약한 편이다. 네이버 웹툰을 끊겠다고 2년 동안 매일 다짐했지만, 일과를 마치고 침대에 누우면 웹툰을 보게 된다. 술도 끊겠다고 몇 년간 다짐했지만, 주말이면 친구와 맥주 한잔하고 있다.

나는 이 책을 넉넉히 잡아 3개월 만에 집필하겠다고 출판사 대표님과 약속했었다. 2개월 만에 다 써버리고 1개월은 천천히 수정하면 된다고 생각했다. 하지만 집필을 완료하기까지 7개월 이상이 걸렸다.

하지만 이렇게 의지박약이었던 나도 매일 10시간씩 2개월 동안 토익 공부를 한 적이 있었다. 어떤 방법을 썼기 때문이다. 그리고 이 방법은 당신을 포함한 모든 사람도 활용할 수 있다. 누구나 매일 10시간씩 공부하도록 만들어주는 방법이다. 그 방법은 다음과 같다.

1. 친구에게 전화를 건다
2. 다음과 같이 말한다. "너한테 지금 30만 원 입금해 줄게. 앞으로 1개월 동안 매일 10시간씩 공부하는 것 인증해서 보낼게, 안 하는 날 있을 때마다 너 1만 원씩 가져. 그리고 한 달 뒤에 그 돈 빼고 돌려줘"
3. 친구에게 입금한다.

이렇게 환경 설정을 해두면, 무조건 하루에 10시간씩 공부할 수밖에 없게 된다. 눈이오든 비가 오든 피곤하든 아프든 10시간씩 하게 될 것이다. 1만 원이 아깝기 때문이다. 이런 환경 설정은 아무리 의지력이 약한 사람이라도 공부를 열심히 하도록 만든다. 이것이 이번 챕터에서 다룰 환경 설정의 힘이다.

의지력은 무한대가 아니다

축구선수 손흥민을 떠올려보자. 90분 동안 경기를 뛴다면 전반전과 후반전 중 손흥민 선수의 체력은 언제 더 충만할까? 당연히 전반전이다. 체력은 움직일수록 소모되는 에너지이기 때문에 후반전의 손흥민은 전반전의 손흥민보다 체력이 떨어진 상태일 수밖에 없다.

이번에는 경험치를 쌓아 레벨업을 하는 RPG 게임 하나를 떠올려보자(리니지든 메이플스토리든 상관없다). RPG 게임의 캐릭터는 HP(체력)가 존재한다. 게임 캐릭터의 HP가 0이 되면 더 이상 움직이지 못해 사냥을 할 수 없게 된다.

왜 갑자기 손흥민과 게임 이야기를 했을까? 인간의 의지력이란 방금 살펴본 두 예시와 같기 때문이다. 의지력은 쓰면 쓸수록 소모되는 에너지이다. 쓰면 쓸수록 고갈된다. 오늘 의지력을 불태워서 18시간 공부하면, 내일은 의지력이 떨어져 오랜 시간 공부할 수 없게 된다.

인간의 의지력은 '고귀하고 대단한 것' 혹은 '영적인 것'이라고 생각되는 경향이 있다. 하지만 당신과 나를 포함한 모든 사람의 의지력은 '에너지'다. 의지력은 무한하지 않고 쓰면 쓸수록 고갈된다. '의지력=에너지'라는 개념이 머릿속에 그려지지 않는다면 의지력을 스마트폰의 배터리라고 생각해보자. 카톡을 하거나 유튜브를 시청하는 것이 배터리를 닳게 하는 것 처럼, 움직이거나 생각(여기엔 공부가 포함된다)을 하는 인간의 모든 행위는, 의지력을 닳게 한다.

스마트폰의 배터리 잔량이 0%가 되면 더 이상 유튜브를 볼 수 없는 것처럼 공부를 하다가 마침내 의지력이 0이 되면 더 이상 공부를 지속할 수 없게 된다. 물론 아예 못하게 되는 것은 아니지만, 엄청 비효율적으로 공부하게 된다. 2시간이면 끝낼 공부를 6시간 동안 붙들고 있게 된다.

공부할 수 있는 의지력은 후천적으로 변화시킬 수는 있지만, 대부분 선천적으로 결정된다. 어떤 사람은 하루에 5시간을 공부할 수 있는 의지력을 갖고 태어난다. 반면 하루에 10시간을 공부할 수 있는 의지력을 갖고 태어나는 사람도 있다. 아이폰 6와 아이폰12의 배터리 잔량이 애초에 다른 것처럼 말이다. 돈을 내고 배터리 잔량이 큰 폰으로 바꿀 수 있는 것처럼, 의지력 역시 업그레이드시킬 수 있다. 다만 의지력을 업그레이드 시키는 노력 자체가 엄청난 의지력을 필요로 하기 때문에 훈련받지 않는 이상 힘들다. 그래서 대부분 선천적으로 결정된 의지력을 갖고 살아간다.

하루 5시간 공부할 수 있는 의지력을 갖고 태어난 사람은 아무리 결심하고 동기부여를 받아도 그 이상 공부하기는 힘들다. 물론 하루 이틀 정도는 가능하겠지만, 일주일 이상 지속하는 것은 어렵다.

의지력<환경 설정

그렇다면 적은 의지력을 갖고 태어난 사람은 '아~나는 공부 5시간 하면 더 이상 못하는 사람이다~7시간 하는 사람 절대 못 이겨'라고 체념한 채 살아야 하는 것일까? 그렇지 않다. 타고난 의지력을 뛰어넘는 방법이 있다. 그것은 바로 의지력이 없어도 무조건 할 수밖에 없는 환경을 만드는 것.

주변에 '와 저 사람은 의지력 하나는 진짜 대단한다'라는 생각이 드는 사람이 한두 명쯤 있을 것이다. 이런 사람들은 선천적으로 의지력 자체가 강한 사람들이다. 의지력 상위 5%의 유전자를 가지고 태어났기 때문에 10시간이고 12시간이고 당연하다는 듯이 공부할 수 있는 것이다.

이런 상위 5%의 유전자를 갖고 태어난 사람을 제외하면, 하루에 10~12시간 공부하는 대부분의 사람들은 알고 보면 의지력이 평균 수준인 경우가 많다. 이런 평균 수준의 의지력을 가지고 상위 5% 유전자를 지닌 사람들처럼 공부할 수 있는 것은 바로 '환경 설정을 하는 능력'덕분이다.

공부를 못하는 사람은 자신의 의지력을 과신한다

약한 의지력을 환경 설정으로 극복한 사람들의 공통점은 무엇일까? 그건 바로 그들은 자신의 의지력이 약한 것에 대해서 너무나도 잘 알고 있다는 것이다. 그들은 자신의 의지력이 약하다는 사실을 알기 때문에 환경 설정을 어떻게 해야 할지 고민하는 데 충분한 시간을 들인다. 환경 설정을 완료하면 그들은, 부족한 의지력에도 불구하고 목표하는 기간까지 꾸준히 공부할 수 있게 된다.

반면 공부를 잘 못하는 사람들은 자신의 의지력을 과신하는 경우가 많다. 마음만 먹으면 무엇이든 해낼 수 있다고 생각한다. 여러분에게도 분명 이런 경험이 있을 것이다. 그 결과는 어땠는가? 대부분 작심삼일은 고사하고 하루 공부 목표량도 채우지 못하는 일이 빈번했을 것이다.

매번 '계획-파이팅-포기'로 끝나버리는 악순환의 고리를 끊어내려면, 유튜브에서 '인강쌤 쓴소리'나 '한석원의 4수를 해서라도 서울대에 가라'라는 영상을 보며 '역시 내 의지와 노력이 부족했던 거야… 다시 한 번 일어나자'라며 파이팅을 외칠 게 아니라 '의지력은 무한대가 아니고, 내 의지력은 약하다'라는 두 가지 사실을 인정해야 한다.

의지력이 아닌 환경 설정을 믿어야 한다

환경 설정은 당신의 의지력이 바닥난 상태에서도 공부를 지속할 수 있게 만들어준다. 하루에 5시간 공부할 수 있는 의지력을 가지고 있더라도, 환경 설정은 당신이 6시간 7시간 공부할 수 있도록 만든다.

환경 설정의 힘을 체감하기 위해 조금 극단적인 예시를 들어보겠다. 당신의 머리에 폭탄이 심어져 있다고 하자. 그리고 그 폭탄은 하루라도 10시간 공부하지 않으면 터진다. 그렇다면 당신은 하루에 10시간을 공부할 수 있을까? 물론이다. 의지력이 몇 시간 짜리이든 무조건 10시간 공부를 하게 될 것이다. 이렇게 의지력을 넘어서 공부하게 하는 것이 바로 환경 설정의 힘이다.

환경 설정인 것 vs 환경 설정이 아닌 것

환경 설정인 것과 환경 설정이 아닌 것을 비교해보자. 이 부분을 읽어두면, 다음에 새로운 공부를 시작할 때 환경 설정을 올바르게 할 수 있을 것이다.

	공부 계획표 짜기	공부 계획표 짜서 사람들에게 보여주기	토익 학원 다니기	인터넷 강의 듣기	인터넷 강의 진도를 사람들에게 보여주기
환경 설정 여부	X	O	O	X	O

공부 계획표를 짜는 건 환경 설정이 아니다. 계획표를 짜고 나서 그 계획을 실행하는 것은 의지력을 써야 하기 때문이다. 의지력이 다 고갈되면 그 계획대로 공부를 지속하지 않을 가능성이 크다.

반면, 공부 계획표를 짜서 친구들과 부모님께 보여주는 것은 환경 설정이다. 사람은 창피함을 느끼고 싶지 않아 하는 본능이 있다. 공부 계획표를 보여주면, 창피함을 느끼지 않기 위해서라도 좀 더 공부하게 될 것이다. 공부하기 싫은 날도 조금이라도 공부할 가능성이 높아진다.

토익 학원에 다니는 것은 환경 설정이다. 토익 학원에 다니면 수업을 따라가기 위해서라도 숙제를 해갈 것이다. 그리고 돈이 아까워서라도 학원에 가게 될 것이다. 이것은 부족한 의지력을 보완해준다.

인터넷 강의를 듣는 건 환경 설정이 아니다. 물론 돈이 아까워서 수강을 하게 될 순 있지만, 효과가 미미한 환경 설정이다. 의지력이 부족하면 학원에 가는 것이 좋다.

반면, 인터넷 강의의 진도를 친구들에게 혹은 부모님께 보여주는 것은 환경 설정이다. 창피함을 느끼고 싶지 않아서 공부를 하게 될 것이기 때문이다.

가장 강력한 환경 설정: 스터디

지금부턴 공부를 위한 환경 설정 방법들을 살펴볼 것이다. 여러 가지를 살펴보겠지만, 가장 효과적인 방법을 먼저 소개하려고 한다.

가장 강력한 환경 설정은 바로 스터디를 하는 것이다. 스터디는 여러 사람이 모여서 뭔가를 함께 해나가는 모임을 뜻한다. 스터디의 종류는 다양하다. 토익 스터디, 공무원 시험 스터디, 임용고시 스터디와 같은 공부 스터디도 있고 아침기상 스터디, 운동일지 스터디와 같이 자기 개발을 위한 스터디도 있다.

스터디는 오프라인으로 진행될 수도 온라인으로 진행될 수도 있다. 오프라인은 매주 월요일처럼 특정한 날을 정해두고 직접 만나서 진행하는 방식이고, 온라인은 카카오톡이나 영상회의 앱을 활용해서 진행하는 방식이다.

당신이 어떤 유형의 스터디를 하든 공부에 큰 도움을 받을 수 있다. 그것은 환경 설정이 되어 의지력을 뛰어넘어 공부를 더 하도록 만들어 줄 것이다. 스터디는 두 가지 면에서 부족한 의지력을 보완한다.

첫 번째는 '사회적 인센티브'라는 것이다. 사회적 인센티브는 쉽게 말하면 '사람들에게 망신당하고 싶지 않은 심리'이다. 인간이라면 누구나 다른 사람들에게 망신당하지 않고 싶어 하는 본능을 가지고 있다. 스터디는 이런 본능을 역으로 이용한다.

당신이 하루에 영어 단어 50개를 외워서 매일 함께 시험 보는 스터디에 참여하고 있다고 가정하자. 평소에는 잘 외우겠지만, 간혹 의지력이 떨어져 외우기 싫은 날도 있을 것이다. 하지만 사람들에게 망신당하고 싶지 않은 심리가 존재하기 때문에 결국 단어를 조금이라도 더 외울 것이다. 단어를 잘 안 외워서 시험을 잘 못 본 날은 창피함을 느낄 것이다. 그런 창피한 기억을 가진 당신은 다시는 망신당하지 않기 위해 단어를 열심히 외울 것이다.

사회적 인센티브, 즉 '망신당하고 싶지 않아 하는 심리'는 스터디를 만든 스터디 장에게 더욱 강하게 작용한다. 사람들은 스터디를 만든 사람은 열심히 할 것이라고 기대한다. 이런 기대를 당연하게 의식하고 있는 스터디 장은 그 기대에 부응하기 위해 더 열심히 하게 된다. 스터디에서 가장 이득을 보는 것은 스터디 장인 것이다. 어쨌든 사회적 인센티브는 스터디 모든 구성원을 열심히 하도록 만든다.

스터디의 두 번째 효과는 '손실 회피'라는 심리적 현상에 있다. 얻는 것보다 잃는 것을 더 크게 느낀다는 심리적 현상이다. 손실 회피를 쉽게 설명해보겠다.

길을 가다가 5만 원 권을 주웠다고 상상해보자. 엄청나게 기쁠 것이다. 이때 느낀 행복의 양을 100이라고 가정해보겠다. 이번엔 다른 상상을 해보자. 지갑에 있던 5만 원 권을 잃어버렸다고 상상해보자. 상당히 우울할 것이다. 이때 느끼는 불행의 양은 몇일까? 5만 원을 주웠을 때처럼 똑같이 100일까? 그 이하일까? 그 이상일까?

정답은 200이다. 5만 원 권을 주울 땐 100의 행복을 느끼지만, 5만 원 권을 잃어버릴 땐 200의 불행을 느낀다. 2배이다. 인간은 이렇게 똑같은 것을 얻을 때보다 잃을 때 더 큰 충격을 받게 된다. 그래서 인간은 본능적으로 손실을 더 두려워하고 그것을 회피하려는 심리를 가지고 있다. 이것이 '손실 회피'다.

손실을 두려워하는 심리는 스터디에 어떻게 적용이 될까? 벌금제도를 통해 적용된다. 대부분의 공부 스터디는 벌금제도를 기반으로 운영된다. 정해진 양을 공부하지 않으면 혹은 숙제를 해오지 않으면 벌금을 내는 방식이다. 매일 단어를 50개 외워서 시험 보는 스터디가 있다고 할 때, 10개 이상 틀리면 벌금 2000원 이런 식이다. 만약 벌금을 2000원 내야 하는 상황이라면 이렇게 잃어버리는 2000원은 그냥 2000원이 아니다. 벌금으로 손실 보는 2000원은 4000원으로 느껴져 4000원치의 불행을 느끼게 된다.

약간의 벌금이라도 손실 회피 때문에 그 벌금은 2배로 다가온다. 그래서 이런 손실을 회피하기 위해서 사람은 더 노력하게 된다. 더 공부하게 된다. 오늘은 정말 단어를 외우기 싫더라도, 이 손실을 피하고 싶은 심리가 작동하면서 단어를 외우게 된다. 의지력을 극복할 수 있게 되는 것이다.

이런 두 가지 효과 덕분에, 스터디는 매우 강력한 환경 설정 방법이다. 스터디를 하면 당신은 타고난 의지력을 극복할 수 있다. 하루 5시간 의지력을 타고났더라도 하루 8시간도 공부할 수 있게 된다.

하지만 이 책을 읽고 있는 당신은 이렇게 생각할 수 있다. '내가 했던 스터디는 효과가 없던데?'

스터디의 성공률은 50%에 불과하다

나는 나의 의지력이 보잘것없다는 것을 잘 알고 있기에 공부할 때 항상 스터디를 활용해왔다. 그리고 지금도 독서 스터디, 아침일기 스터디와 같은 자기 개발 스터디도 활용하고 있다. 그 결과 남들 눈에는 의지력이 강한 사람처럼 보일 수 있게 됐다.

하지만 내가 경험했던 스터디가 모두 성공적이지는 못했다. 의지력을 넘어 더 공부를 하게 만들어준 스터디가 있는 반면, 오히려 의지력을 깎아내리고 더 놀게 되는 스터디도 꽤나 있었다. 성공적인 스터디와 실패적인 스터디의 비율은 반반 정도 됐던 것 같다. 절반만 도움이 되고 절반은 내게 부정적인 영향을 끼쳤다.

그렇다면 우리는 50퍼센트의 확률 게임에 베팅해야 할까?? 그렇지는 않다. 나는 수많은 스터디를 경험하면서 성공적인 스터디만의 특징을 알아챌 수 있었다. 성공적인 스터디에는 공통된 몇 가지 특징이 존재했다. 그런 특징들을 가지고 있는 스터디에 참여하면 굳이 50퍼센트의 확률 게임에 베팅할 필요는 없었다.

하지만 그러한 특징을 가지고 있는 스터디는 그렇게 많지 않았다. 별로 없는 것뿐만 아니라 그런 스터디들은 이미 소수의 인원으로 잘 진행되고 있는 경우가 많았다.

성공적인 스터디에 참여하고 싶다는 고민 끝에 한 가지 생각이 떠올랐다. '성공적인 스터디의 특징을 가진 스터디를 직접 만드는 것은 어떨까?'

이후에 나는 성공적인 스터디 특성을 가진 스터디를 직접 만들었다. 결과적으로 실패했던 스터디는 거의 없었고 95퍼센트 이상의 성공률을 보이게 됐다.

앞으로 성공적인 스터디의 세 가지 특징을 하나하나 살펴볼 것이다. 그런 특징들을 가지고 스터디를 직접 만들어보길 바란다. 앞서 언급했듯 스터디 장이 되면 공부를 더 열심히 하게 되는 장점도 톡톡히 누릴 수 있다.

100% 성공하는 스터디의 특징1:강력한 벌금제도

성공적인 스터디의 첫 번째 특징은 강력한 벌금제도를 갖고 있다는 것이다. 앞서 우리는 손실에 대해 공포를 느끼고 회피는 본능인 '손실회피'를 살펴봤다. 벌금제도는 돈을 잃기 싫어 스터디원들을 더 공부하도록 만든다.

벌금을 활용할 때 중요한 점은, 보증금 제도로 운영해야 한다는 것이다. 지각하거나 결석하는 등 규칙을 어겼을 때마다 벌금을 내는 방식으로 운영하면 스터디원이 중간에 나가버리는 상황이 생기기 쉽다. 1~2주 진행하다가 의지력이 떨어진 스터디원들이 나가게 되는 것이다. 보증금 제도로 운영하면 이런 이탈을 막을 수 있다. 보증금 제도는 미리 얼마의 돈을 스터디원에게 각각 걷고 나서, 스터디가 끝나면 벌금을 차감해서 돌려주는 방식이다. 이렇게 보증금을 미리 받으면, 중간에 나가버리는 스터디원을 방지할 수 있다. 보증금이 아까워서 안 나가고 끝까지 공부하게 되는 것이다.

  벌금은 세면 셀수록 좋다. 지각 20000원, 과제 미제출 30000원, 결석 40000원 이런 식이다. 결석이 4만 원이면 누가 결석을 하겠는가? 벌금이 강력할수록 위반행위를 덜 하게 된다.

  하지만 벌금이 너무 세면 스터디를 시작할 때 미리 걷는 보증금도 그만큼 세질 수밖에 없다. 보증금이 너무 세면 스터디를 만든 스터디 장이 큰돈을 가지고 잠적할 수 있다는 가능성 때문에 사람들이 잘 참여하지 않을 것이다. 또한 보증금이 너무 세면 그 보증금을 낼 여유가 없는 사람도 마찬가지로 참여하지 않게 될 것이다.

  하지만 벌금이 너무 약하면 더 문제가 된다. 과제 미제출이 1000원이라면 의지력이 떨어지는 날은 1000원을 포기하고 안 하는 것을 선택할 것이다.

  내 경험상 가장 적절한 보증금은 30000~50000원이었다. 벌금은 지각은 1000원 결석 5000원, 과제 미제출 3000원 정도가 적절했다. 이 정도의 보증금과 벌금은 사람들에게 크게 부담되지 않으면서도 사람들을 열심히 하도록 만들었다.

벌금 예시

벌금

미업로드 3000원-사진과 동영상 중 하나라도 미업로드시 적용됩니다.

과제지각 1000원-과제를 늦게 올렸을 시 내는 벌금입니다.
허용되는 기간은 그 주 일요일 23:59 까지입니다.

연습 시간 미달 1000원-동영상이 10분 넘지 않을 대 적용됩니다.

과제 업로드 양식 불량 500원-과제 업로드 양식을 지키지 않그 올렸을 때 부과됩니다.

벌금제도를 도입할 때 또 한 가지 중요한 점이 있다. 모인 벌금으로 무엇을 하느냐 하는 문제이다. 보통은 모인 벌금을 가지고 스터디가 끝날 때 밥을 먹거나 술 한잔 하는 것으로 정해두는 경우가 많은데 이는 현명하지 못한 결정이다. 모인 벌금으로 스터디가 끝날 때 술을 한잔하기로 했다고 가정하자. 그러면 누가 벌금을 낼 때마다 술을 먹기로 했다는 사실이 떠올라, 스터디를 할 때 술 얘기를 할 가능성이 높아진다. 이렇게 술 얘기를 하다 보면 그날은 스터디가 끝나고 함께 술을 마시러 갈 가능성이 높아진다. 이렇게 술자리를 가지다 보면 스터디가 해체될 가능성 역시 엄청나게 높아진다. 이런 이유로 모인 벌금으로 나중에 무엇을 할지 결정하는 것은 중요한 문제이다.

스터디에서 모인 벌금은 나중에 스터디가 끝나고 나눠서 갖기로 정해두는 것이 좋다. 스터디원이 총 6명이고 모인 벌금이 24000원이라면, 스터디가 끝나고 4000원씩 나누어 가지면 된다. 그렇게 돈을 나누어 받고 나서 밥을 먹으러 가거나 술을 마시러 가도 늦지 않다.

100% 성공하는 스터디의 특징2: 명확한 규칙

성공적인 스터디의 두 번째 특징은 명확한 규칙을 가지는 것이다. 스터디를 하면 다음과 같은 예상치 못한 상황이 벌어질 수 있다.

〈한 스터디원이 당일에 아파서 결석을 하겠다고 한다. 이런 경우에는 어떻게 처리해야 할까? 결석으로 처리해서 벌금을 받아야 할까? 아니면 아프니까 눈을 감아줘야 할까?〉

〈한 스터디원이 집안 사정 때문에 숙제를 못 했다고 한다. 이런 경우에는 또 어떻게 처리해야 할까? 벌금을 받아야 할까? 집안 사정이니 그냥 넘어가야 할까?〉

스터디 규칙에 이런 예상치 못한 빈틈들이 생기면 그 빈틈을 이용하려는 사람이 필연적으로 한 명은 생기기 마련이다. 안 아픈데 아프다고 하는 사람과 가족 행사가 있다고 거짓말하는 사람이 대표적인 예이다.

또한 스터디원 간의 의견 충돌이 발생할 수 있다. 아까 언급했던 예시인 아파서 결석하겠다는 스터디원을 결석 처리할지 말지 결정하는 상황에서 의견 충돌이 일어날 수 있다. 어떤 스터디원은 결석 처리를 하기를 원할 것이고 어떤 스터디원은 눈감아주기를 원할 것이다. 어떤 결정이 일어나든 그 결정을 반대했던 스터디원은 약간 감정이 상할 것이다. 그리고 만약 결석 처리가 된다면, 그 아픈 스터디원은 감정적으로 상처를 입을 가능성이 있다. 아픈 것도 서러운데 결석 처리를 하니 말이다.

이런 문제들이 쌓이다 보면 스터디원들은 불만이 생기게 되고 언쟁

이 생겨 결국 스터디가 해체될 수 있다. 이런 문제를 예방하기 위해선 명확한 규칙이 필요하다. 규칙이 명확하면 이런 문제에 대해 쉽게 대처할 수 있다. 규칙의 예시는 다음과 같다.

1. 하루 전까지 공지하지 않은 결석은 어떤 사유에서든 무조건 결석처리 된다. 갑자기 당일에 아프다면, 벌금을 내고 결석을 하면 된다. 이런 룰이 불합리하지 않은 이유는 모든 스터디원에게 똑같이 적용되기 때문이다.
2. 지각은 1분도 허용되지 않는다. 12시에 스터디 모임이면, 12시 1분에 온 사람도 지각처리 된다. 이에 대해서는 절대 타협하지 않는다.

이 같은 명확한 규칙은 모호함을 없애 스터디원들 간의 충돌을 미연에 방지할 수 있다. 당신이 스터디를 만드는 입장이라면 스터디를 진행하는 모습을 상상해보면서, 발생할 수 있는 예외적인 상황에 대해서 생각해 봐야 한다. 그리고 이런 예외적인 상황을 규칙에 반영해야 한다. 그래야 스터디를 성공적으로 마칠 수 있다.

100% 성공하는 스터디의 특징3:명확한 공지

성공적인 스터디의 세 번째 특징은 스터디에 대한 명확한 공지를 하는 것이다. 사람마다 스터디를 하려는 목적이 다를 수 있다. 이 챕터의 목적처럼 환경 설정을 통해 공부를 더 하려는 사람이 있는 반면, 새로운 사람을 만나 친목 도모를 하기 위해 스터디에 참여하는 사람도 있다.

당신과 나는 환경 설정을 위한 스터디를 만들려고 하는 입장이기 때문에, 친목 도모를 목적으로 스터디를 하려는 사람을 어중이떠중이라고 부르겠다. 이것은 친목 도모를 목적으로 하는 사람을 비하하려는 게 아니다. 그들과 우리는 단지 스터디의 목적이 다른 것이다.

어중이떠중이의 목적은 친목 도모에 있기 때문에 함께 한다면 공부 분위기를 망칠 수 있다. 어중이떠중이가 자주 하는 말은 '오늘은 스터디 일찍 끝내자', '끝나고 밥 먹자', '오늘 같은 날은 쉬엄쉬엄 해야 한다.' 등이 있다. 이런 사람이 스터디에 한 명이라도 들어온다면 그 스터디는 역효과가 나고 놀자판이 될 가능성이 높다.

어중이떠중이로부터 스터디를 지키기 위해서는, 스터디원을 모집할 때 스터디에 대해 미리 명확하게 공지해야 한다. 스터디의 목적이 무엇이고 어떻게 운영되는지 그리고 스터디 규칙까지 포함해야 한다. 스터디 운영에 대해 구체적으로 명시되어 있으면 어중이떠중이들은 '여기는 정말 공부를 목적으로 하는 스터디구나'라고 느끼고 다른 스터디를 찾을 가능성이 높다.

만약 당신이 영어 단어 스터디를 만든다고 하면 어떤 단어장으로 스터디를 할지, 하루에 몇 개 외울지, 일주일에 몇 번 시험 볼 건지 이런 것들을 모집 글에 반드시 포함시켜야 한다.

그냥 단순히 '영어 단어 스터디원 모집합니다. 자세한 건 이야기를 통해서 정해요' 이렇게 모호하게 글을 올린다면, 그 글은 어중이떠중이를 끌어당기는 자석이 될 것이다.

또한 사람들은 모호하고 불확실한 것보다, 구처적이고 확실한 것을 본능적으로 선호한다. '○○ 단어장으로, 하루에 단어 50개씩 진행합니다. 일주일에 시험은 2번 볼 예정이고, 벌금은 다음과 같습니다.' 이렇게 구체화된 것들에 대해서 사람들은 더 선호한다. 스터디에 대해서 구체적으로 내용을 작성해 모집 글을 올린다면, 공부를 열심히 할 사람들이 참여하게 되어 성공적으로 스터디를 마칠 수 있게 될 것이다.

 지금까지 성공적인 스터디의 세 가지 특징을 살펴봤다. 이 요소들을 조합해서 스터디를 직접 만든다면 스터디 성공률을 100%에 가깝게 만들어서 타고난 의지력을 뛰어넘을 수 있을 것이다.

또 다른 강력한 환경 설정들

 나는 나의 의지력이 강하지 않다는 것을 누구보다 잘 알고 있었다. 그래서 환경을 잘하기 위한 방법을 연구하는 데 많은 시간을 보냈다. 공부법과 뇌과학 책에서 권하는 환경 설정들을 실행해보며, 두 가지 조건에 부합하는 것들만 추려내서 내 습관으로 만들었다.

 첫 번째 조건은 실제로 효과가 있다는 것이다. 공부를 더 하게 만든다는 것이다. 효과가 좋다고 했지만, 실제로 실행해봤을 때 효과가 없거나 오히려 의지력을 깎아 먹는 환경 설정들이 있었다. 이런 것들은 제외시켰다.

 두 번째 조건은 실행하기가 쉽다는 것이다. 효과는 상당히 좋지만, 그 환경 설정을 실행하는 것 자체가 의지력을 요하는 것들이 있었다. 이런 환경 설정들도 역시 제외시켰다.

이렇게 두 가지 조건에 부합하는 환경 설정만을 걸러내고 나니, 몇 남지 않았다. 실행하기 쉬우면서 효과가 뛰어난 건 약 8개 정도로 추려졌다. 이렇게 선별된 8가지의 환경 설정을 적용하고 나니 공부 시간을 더 확보한 것뿐만 아니라 공부 효율도 높아졌다.

선별된 8가지의 환경 설정 중에서 4가지를 소개하고자 한다. 이 4가지는 효과가 크며 실행하기도 쉽다. 당신의 공부 효율 역시 엄청 높일 것이라 믿는다.

하지만 내게 효과가 있는 것이 당신에게는 효과가 없을 수도 없다. 내가 그랬듯이 당신도 실험을 한다는 생각으로 앞으로 소개할 4가지 환경 설정을 시험 삼아 해보길 바란다. 그중에서 효과가 있는 것을 당신의 습관으로 만들어라. 4가지를 다 적용한다면 공부 효율이 미친 듯이 올라가겠지만, 1가지만 적용한다고 하더라도 충분한 혜택을 볼 수 있을 것이다.

스마트폰 눈에 안 보이는 곳에 멀리 두기

첫 번째 환경 설정은 스마트폰과 관련된 것이다. 당신은 공부할 때 스마트폰을 주로 어디에 두는가? 책상 위에 올려 두는가? 가방 안에 넣어 두는가?

결론부터 말하자면, 스마트폰은 눈에 안 보이는 곳에 멀리 두어야 한다.

1) 눈에 안 보이는 곳에
2) 멀리

'눈에 안 보이는 곳'과 '멀리'가 핵심이다. 일단 스마트폰은 눈에 안 보이는 곳에 있어야 한다. 스마트폰을 책상 위에 올려두고 확인을 하지 않더라도, 스마트폰이 책상 위에 존재한다는 것만으로도 공부 효율은 미친 듯이 떨어진다. 당신이 공부하는 동안 책상 위의 스마트폰은 계속해서 눈에 보일 것이다. 그리고 스마트폰이 보일 때마다 당신은 무의식적으로 스마트폰을 하고 싶은 충동을 느낀다. 그러면 그 충동을 이겨내기 위해서 계속적으로 의지력을 쓰게 된다. 앞서 언급했듯이 의지력은 스마트폰 배터리와 같은 에너지이고 사용할수록 줄어들다가 0%가 되면 공부를 더 이상 할 수 없다고 했다. 눈에 보이는 곳에 있는 스마트폰은 의지력을 야금야금 갉아먹어, 금방 고갈시킨다. 당신이 8시간을 공부할 수 있는 의지력을 갖고 있다면, 눈에 보이는 스마트폰에 의해 4시간 정도밖에 공부를 할 수 없게 된다.

또한 스마트폰은 '멀리' 있어야 한다. 대학생 500명을 대상으로 기억력과 집중력 테스트를 했는데, 실험실 바깥에 휴대전화를 둔 학생들이 무음으로 바꿔서 주머니에 넣은 학생들보다 더 좋은 결과를 얻었다.[5] 자기 스마트폰의 존재를 단순히 인식한 것만으로도 인지 능력이 떨어진 것이다. 이처럼 스마트폰은 보이지 않는 곳에 있는 것만으로는 충분하지 않다. 멀리 있어야 한다.

공부를 시작하기 전에 스마트폰을 '눈에 보이지 않는 먼 곳'에 둬라. 나는 작업을 시작하기 전에 항상 스마트폰을 거실에 둔다. 눈에 보이지 않는 먼 곳이다. 좀 더 집중을 해야 하는 작업을 할 땐, 스마트폰을 내 방에서 제일 먼 곳인 베란다에 있는 신발장 안에 둔다. 그 신발장까지 가려면 베란다를 거쳐야 하는데 베란다에는 빨래가 항상 있어서 정글 탐험 하듯이 빨래를 손으로 휘저으면서 가야 한다. 이 과정은 상당히 성가시고 귀찮다. 이곳에 스마트폰을 두면 스마트폰을 가지러 가는 것이 귀찮아서라도 지금 하고 있는 일에 집중하게 된다.

만약 당신이 카페에서 공부하고 있어서 스마트폰을 멀리 둘 수 없다면, 가방 제일 구석에 넣어둬라. 그러면 가방을 뒤지는 행위 자체가 귀찮은 것이 돼서 스마트폰이 심리적으로 멀리 있는 것처럼 느껴지게 된다.

스마트폰을 눈에 안 보이는 먼 곳에 두는 것은 가장 쉬우면서도 가장 효과적인 환경 설정이다. 오늘 당장 꼭 실행해보길 바란다.

비밀번호 'dkrkwlqm'로 바꾸기

SNS를 너무 자주 들어가서 고민인 사람이 있을 것이다. 혹은 게임을 너무 자주해서 고민인 사람이 있을 것이다. 두 번째 환경 설정인 비밀번호 바꾸기는 그런 사람들에게 특히 도움이 될 것이다.

나는 페이스북, 인스타그램과 같은 SNS에 약간 중독된 적이 있었다. 치명적인 중독은 아니지만 계속 쓸데없이 수시로 들어가서 시간과 감정을 낭비하는 게 문제였다. 하지만 지금은 SNS를 일주일에 혹은 이주일에 한 번만 본다.

나를 SNS 중독에서 정말 쉽게 벗어나게 해준 **방법은 비밀번호 바꾸기다**. 이 방법은 당신도 오늘부터 시작할 수 있다. 먼저 당신이 중독에서 벗어나고 싶은 SNS에 접속을 해야 한다. 그러고 나서 당신이 할 일은 비밀번호를 이상하게 바꾸는 것이다. 전혀 의미 없는 그때 생각나는 단어로 비밀번호를 설정한다. 'dkrkwlqm' 이런 것이 그 예이다. 이렇게 비밀번호를 막 지으면 이 비밀번호는 1분 만에 까먹게 된다. 이렇게 비밀번호를 바꿨으면 그 계정에서 로그아웃한다.

다음에 그 SNS에 접속하고 싶을 때, 당신은 비밀번호를 찾기 위해 '비밀번호 찾기' 기능을 사용해야 한다. 대부분의 SNS는 비밀번호 찾기를 하면, 가입할 때 입력한 이메일로 '비밀번호 재설정 링크'를 보낸다. 비밀번호를 재설정하는 이 과정은 은근히 귀찮다. 가입할 때 입력한 이메일에 접속해서 메일함을 열고 비밀번호 재설정 링크를 누르고 다시 비밀번호를 설정해야 한다. 이 과정이 귀찮아서 로그인을 안 할 가능성이 높아진다. 이런 귀찮음이 1차 방어벽으로 작용하는 것이다.

1차 방어벽이 깨졌다면, 즉 비밀번호 찾기 기능을 통해 재설정 링크를 눌렀다면, 비밀번호를 재설정할 때 다시 'dkrkwlqm'와 같은 무의미한 단어로 재설정하면 된다. 그러고 나서 SNS를 충분히 확인한 후에 다시 로그아웃으로 마무리하면 된다.

지금까지 설명한 내용을 순서대로 정리하면 다음과 같다.

---

1. 중독에서 벗어나고 싶은 SNS를 킨다.
2. 비밀번호를 기억하지 못할 이상한 단어로 바꾼다.
3. 로그아웃한다.
4. 로그인을 하기 위해, 비밀번호 재설정을 할 때 이상한 단어로 재설정한다.
5. 로그아웃한다.
6. 4~5번 과정을 반복한다.

하루에 수십번도 넘게 SNS를 확인하던 나는, 이 방법을 활용하고 나서 일주일에 한 번 접속하게 되었다. 그리고 그 한 번도 비즈니스 목적으로 접속하는 것이다. 중독이었던 SNS가 이제는 귀찮은 것이 되었다.

게임 중독도 마찬가지이다. 비밀번호를 이상하게 바꿔버리면 된다. 이 방법을 활용하면 게임을 완전히 끊을 수는 없더라도 게임하는 시간을 반 이상 줄일 수 있을 것이다.

친구에게 30만 원 보내기

세 번째 환경 설정은 친구에게 돈 걸기이다. 이 방법은 중요하지만 마감기한이 없어서 안 하게 되는 일을 할 때 유용하다.

마감기한 X	마감기한 O
독서, 운동, 자기 개발 등	시험 공부, 과제

중요하지만 마감기한이 없어서 안 하게 되는 일의 대표적인 예는 독서와 운동 그리고 자기 개발 등이 있다. 누구나 이런 행위들이 중요하다는 것을 알지만, 잘 안 하게 되는 이유는 마감기한이 없기 때문이다. '다음에 하지 뭐' 같은 마음의 게으름이 발동된다.

반면 마감기한이 있는 일은 시험 공부나 과제 등이 있다. 마감기한이 있으면 알아서 그 행위를 하게 될 것이다. 마감기한 안에 끝내지 못하면 받는 패널티 때문이다.

마감기한이 없어서 하지 못 하는 일에는 스스로 마감기한을 만들어내야 한다. 마감기한을 만들어내는 최고의 방법 중에 하나는 '친구에게 돈 걸기'이다.

당신이 매일 1시간 독서를 목표로 세웠다고 하자. 이런 목표는 중요하지만 마감기한이 없기 때문에 미루고 미루다가 안 하게 된다. 이것에 마감기한을 부여해서 하도록 만들고 싶다면, 친구에게 돈을 걸면 된다.

돈을 거는 방법은 쉽다. 친구에게 이렇게 말하면 된다.

"나 오늘부터 한 달 동안 매일 1시간씩 책 읽는다. 니 계좌번호 알려주면 30만 원 보낼게. 앞으로 한 달 동안 매일 책 읽은 것 인증해서 보낼 거야. 안 보내는 날은 만 원씩 가져라. 그리고 한 달 뒤에 너가 가진 돈들 차감해서 나한테 돌려줘"

이렇게 환경 설정을 해두면, 누구든 책을 꾸준히 읽게 될 것이다. 만

제4장

원이어서 효과가 없을 것 같은가? 그렇다면 '손실 회피'를 기억하라. 인간은 손실을 두려워하는 본능있다. 그 만 원을 잃지 않기 위해 엄청나게 애쓸 것이다.

이렇게 30일 동안 돈을 걸어서 책을 읽으면, 이후에는 책을 읽는 것이 습관으로 자리 잡게 된다. 그렇게 독서가 습관으로 자리 잡게 되면, 이후엔 책을 어렵지 않게 매일 읽을 수 있을 것이다.

운동, 자기 개발, 독서 등 자신에게 중요하지만 강제성이 없는 것들에 이 방법을 꼭 적용해보길 바란다. 한 달 정도만 돈을 걸어서 습관으로 만들면 이후엔 돈이 없어도 쉽게 할 수 있을 것이다.

사람들에게 선언하기

당신이 앞으로 1년 내에 이루고 싶은 큰 목표는 무엇인가? 그것을 이룰 수 있는 방법을 알려주겠다. 그것은 바로 그 목표를 주변 사람들에게 선언하는 것이다.

사회적 인센티브라고 기억하는가? 다른 사람들에게 망신당하고 싶지 않아 하는 심리이다. 당신이 "3개월 안에 토익 900점을 받을 거야"라고 친구 5명과 가족들에게 말한다고 가정하자. 카톡 상태메시지로 해놓거나 SNS에 올리면 더 좋다. 이렇게 사람들에게 선언하고 나면, 망신당하고 싶지 않아 하는 심리가 발동돼서 더 열심히 공부를 하게 될 것이다. 혹여나 목표하는 900점을 받지 못하더라도 선언하기를 하지 않앉을 상황보다는 훨씬 더 높은 점수를 받을 수 있게 된다.

나는 토익 공부를 시작할 때, 모의 토익 500점 정도였다. 하지만 떠벌리고 다녔다. 친구와 가족들에게 그리고 토익 스터디에서도 선언했다. "900점 후반대 받아서 과외할 겁니다"

이렇게 선언하고 나니 공부를 할 수밖에 없었다. 큰 소리를 쳐 놓았는데, 점수를 못 받으면 엄청난 망신이기 때문이다. 이렇게 사회적 인센티브를 활용한 결과로 결국 6개월 만에 990점 만점을 받게 됐다. 이런 환경 설정이 없었다면 1년 이상이 걸렸을 것이다.

당신도 선언하기를 꼭 활용해보길 바란다. 꼭 이루고 싶은 목표가 있다면 친구들에게 말하라. 카톡 상태메시지로 설정해봐라. 그 목표를 SNS에 올려봐라. 몇몇 사람들은 냉소적인 반응으로 비웃을 수 있겠지만, 당신은 그 목표를 자동으로 이룰 수 있게 될 것이다.

열정은 쓰레기다, 환경을 만들어라!

공부를 잘하기 위해서 필요한 것은 열정과 패기가 아니다. 그것들은 촛불과도 같아서 금세 꺼져버린다. 일주일은커녕 3일 이상 지속되기도 힘들다.

그동안 '열정과 패기가 없다, 정신상태가 썩었다'는 등의 쓴소리 영상에 감동 받으며 얼마나 많은 시간을 허비했는가? 당신이 해야 할 일은 결심이 아니다. 당신이 해야 할 일은 '환경 설정'이다. 이 챕터에서 설명한 환경 설정을 반드시 활용하길 바란다. 공부할 수밖에 없는 환경이 갖춰졌을 때 비로소 당신은 타고난 의지력을 뛰어넘을 수 있게 될 것이다.

제5장

멀티태스킹을 하는 사람은 100% 공부를 잘할 수 없다

멀티태스킹만 안 해도 상위 10%가 될 수 있다

공부 효율을 2~3배 높여줄 챕터

이 책에서 소개하는 공부 효율을 높이는 방법들은 대부분 효과가 탁월하면서도 동시에 실행하기 쉬운 것들이다. 실행하기 어렵거나, 효과가 크지 않은 방법들은 포함시키지 않았다. 수십 개의 공부 효율을 높이는 방법 중에서 선별되고 선별된 것들이다.

하지만 이번 챕터에서 소개할 방법은, 효과는 엄청 크지만 실행난이도가 높다. 그럼에도 이번 챕터를 굳이 넣은 이유는, 높은 실행난이도를 상쇄할 만큼 탁월한 공부법이기 때문이다. 이번 챕터를 읽고 공부에 적용한다면, 공부 효율이 이전과는 완전히 달라질 것이라고 확신한다. 이번 챕터를 집중해서 읽고 공부에 적용한다면, 공부 효율을 2~3배 높일 수 있을 것이다. 이번 챕터는 멀티태스킹에 대해서 이야기하고자 한다.

멀티태스킹을 하는 사람들

멀티태스킹은 컴퓨터 프로그래밍에서 나온 단어이지만, 지금은 그 의미가 일상으로도 확장되었다. 일상에서 멀티태스킹이란 한 사람이 여러 가지의 일을 동시에 하는 것을 의미한다.

멀티태스킹을 하는 사람은 어디에서나 볼 수 있다. 멀티태스킹을 하는 사람을 가장 쉽게 찾을 수 있는 공간은 스터디 카페와 도서관이다. 스마트폰을 사용하면서 공부하거나, 음악을 들으면서 공부하는 사람을 쉽게 볼 수 있다. 60퍼센트 이상의 사람들이 공부하는 동안 미디어 장

치들을 켜놓는다고 추정된다.[6)]

멀티태스킹을 하는 사람은 직장에서도 쉽게 찾아볼 수 있다. 동료들과 수다를 떨며 업무를 처리하는 사람, 이메일을 보내면서 동시에 다른 업무를 처리하는 사람, 웹서핑을 하면서 업무를 하는 사람 등. 대다수의 사람들이 매일 멀티태스킹을 한다고 할 수 있을 단큼 멀티태스킹은 우리의 일상에서 뗄래야 뗄 수 없는 존재가 되었다.

멀티태스킹은 불가능하다

당신은 멀티태스킹을 잘하는 편인가? 혹은 당신 친구 중 멀티태스킹을 잘하는 친구가 있는가? 혹시라도 YES라고 대답했다면, 그 대답은 틀렸을 가능성이 높다.

많은 사람들은 여러 가지 일을 동시에 처리하는 멀티태스킹이 존재하고 가능하다고 생각한다. 여러 가지 일을 동시에 하면서 일을 잘하고 있다고 믿는 사람들이 많다.

하지만 멀티태스킹은 인간에게 불가능하다. 인간의 뇌는 구조적으로 멀티태스킹을 할 수 없도록 만들어졌다. 당신이 멀티태스킹을 할 때, 동시에 여러 가지 작업을 처리하고 있다고 생각하겠지만, 실제로 뇌는 그렇게 작동하지 않는다. 동시에 여러 가지 작업을 처리할 수 없다.

멀티태스킹은 컴퓨터 프로그래밍에서 나온 단어이다. 즉 멀티태스킹은 컴퓨터를 위한 단어다. 컴퓨터는 실제로 여러 가지 작업을 동시에 처리할 수 있다. 하지만 인간은 아니다. 인간은 멀티태스킹을 할 수 없다.

그렇다면 실제로 멀티태스킹을 하고 있는 사람들은 어떻게 설명할 수 있을까? 그들은 겉보기에만 동시에 여러 작업을 처리하고 있는 것처럼 보이는 것이다. 실제로는 여러 작업을 동시에 처리하고 있지 않다. 멀티태스킹을 한다고 착각하지만, 멀티태스킹을 하고 있는 것이 아니다.

인간의 뇌는 구조적으로 한 번에 하나의 작업만 처리할 수 있다. 두 가지 작업을 동시에 하는 것은, 실제로 동시에 처리하는 것이 아니다. 한 가지 일을 처리하고, 다른 한 가지 일을 처리하는 작업 전환(task-switching)의 연속일 뿐이다.

이해를 돕도록 예를 들어보겠다. 당신이 TV를 보면서 공부하고 있다고 가정해보자. 겉보기에는 TV 보기와 공부를 동시에 하고 있는 것처럼 느껴지겠지만, 당신의 뇌는 동시에 처리하고 있지 않다. TV 보기라는 작업과 공부라는 작업 사이를 반복적으로 전환하며 처리할 뿐이다. TV를 보다가 공부로 돌아오면 작업 전환(TV→공부)이 일어나고, 공부하다가 다시 TV를 보면 작업 전환(공부→TV)이 발생한다.

이렇게 당신의 뇌는 여러 가지 작업을 동시에 처리하는 것이 아니라, 작업 전환을 반복하면서 한 가지 작업만을 처리한다. 그리고 이 작업 전환의 반복은 겉보기에 멀티태스킹처럼 보인다.

멀티태스킹은 공부 시간을 반토막 낸다

어떤 작업에서 다른 작업으로 전환하는 작업 전환(task-switching)은 공짜가 아니다. 스마트폰을 사용하면서 공부하는 상황은 수십번에서 수백 번의 작업 전환을 일으킨다. 이 작업 전환은 물 흐르듯이 일어나는 것 같지만, 공부에 엄청난 타격을 준다. 멀티태스킹이 일으키는 작업 전환이 어떻게 공부에 타격을 주는지 메커니즘을 이해하기 위해서는 먼저 뇌에 대해서 살펴봐야 한다. 쉽게 전달하기 위해 최대한 단순화해서 설명해보겠다.

우리의 의지력, 집중력, 주의력과 같은 정신 에너지는 무한대가 아니다. 한정되어 있다. 이 정신 에너지는 하루를 보내면서 점점 줄어들고, 너무 많이 써버리면 고갈되게 된다. 정신 에너지가 고갈되면 더 이상 무언가에 집중하는 게 힘들어진다. 이 정신 에너지는 휴식을 하거나 잠을 잘 때 충전된다.

이해를 돕기 위해 게임에 빗대어서 설명해보겠다. 잠을 푹 자고 일어나면 아침에 HP(정신 에너지)가 꽉 채워진 100인 상태로 일어난다. 잠을 덜 잤거나 푹 자지 못했다면, 덜 충전되어 60~90인 상태로 일어난다. 그리고 공부처럼 머리를 쓰는 일을 할 때마다 이 HP는 조금씩 조금씩 소모된다. 공부를 많이 한 날은 HP가 많이 소모되어서 밤에는 0에 가까워질 것이다. 반면 공부를 하지 않거나 쉬는 날에는 HP가 별로 소모되지 않아서 밤에도 80정도가 남아 있을 것이다.

HP가 0이 되면 머리를 쓰는 일을 할 수 없게 된다. 공부도 마찬가지이다. 물론 아예 공부를 하지 못하게 되는 것은 아니다. 다만 HP가 0에서 하는 공부는 효율이 엉망이다. HP가 충분한 상태에서 1시간 만에 끝낼 수 있는 공부를 HP가 0인 상태에서는 5시간을 해도 끝내지 못하는 상황이 발생한다. 이렇게 우리의 정신 에너지는 사용할수록 소모되고, 그 정신 에너지가 고갈되면 공부를 안 하는 것만 못하게 된다.

멀티태스킹이 공부에 좋지 않은 이유는 작업 전환이 HP(정신 에너지)를 엄청나게 소모하기 때문이다. 작업 전환을 반복하며 여러 가지 일을 왔다 갔다 할 때, 이러한 작업 전환은 자연스럽게 되는 것 같지만 그렇지 않다. 정신적 에너지를 미친 듯이 갉아먹는다.

토익 공부를 1시간 할 때 소모되는 HP(정신 에너지)를 20이라고 가정하자. 푹 자고 일어나서 HP가 100이라면 토익을 5시간 공부할 수 있을 것이다. 하지만 토익 공부할 때 동시에 스마트폰을 사용한다면 어떻게 될까? 작업 전환이 일어날 때마다 HP는 추가적으로 5~10씩 소모될 것이다. 결과적으로 1시간에 소모되는 HP는 20이 훨씬 넘는 50, 60, 70이 깎이게 되면서, 2시간 만에 모든 HP를 써버리게 될 것이다. 5시간 공부할 수 있던 정신 에너지가 멀티태스킹 때문에 2시간 만에 바닥나는 것이다.

이렇게 멀티태스킹은 당신이 공부할 수 있는 시간을 반토막 낸다. 당신이 하루에 10시간 공부에 집중할 수 있는 사람이라면, 멀티태스킹을 반복하면 하루에 5시간만 공부에 집중할 수 있게 된다. 억지로 5시간을 더 한다고 해도 효율은 10분의 1 수준으로 떨어지게 될 뿐이다.

멀티태스킹을 고집하면, 공부를 오랫동안 해도 좋은 성적을 거두지 못하는 사람이 될 것이다. 하루에 10시간씩 공부하더라도 스마트폰을 수시로 확인하면서 한다면, 당연히 좋은 성과를 거둘 수 없다. 멀티태스킹을 하지 않고 하루에 5시간 공부하는 사람에게 질 수밖에 없다. 그리고 이렇게 생각하게 될 것이다. '나는 남들보다 더 많이 공부하는데 공부를 못해. 나는 머리가 안 좋나 봐.'

멀티태스킹을 그만두면, 공부 효율을 2배 이상 높일 수 있다. 멀티태스킹을 그만두면 10시간 만에 끝낼 공부를 5시간 간에 끝낼 수 있게 된다. 나머지 5시간은 자유롭게 쓸 수 있다. 공부를 더 하거나, 친구랑 놀거나, 가족과 시간을 보내거나, 게임을 하거나 마음대로 쓸 수 있다. 멀티태스킹을 그만두는 것의 혜택은 어마어마하다.

기억을 잘못 저장시키는 멀티태스킹

멀티태스킹의 문제점은 값비싼 작업 전환에 있다는 것을 살펴봤다. 하지만 멀티태스킹이 공부에 끼치는 악영향은 정신적 에너지 소모에만 있는 것이 아니다. 멀티태스킹은 기억을 잘못 저장하기도 한다.

기억은 뇌의 여러 부분에 저장된다. 사실과 경험을 저장할 때는 '해마'라는 부분을 사용하고, 자전거, 수영, 골프처럼 몸을 써서 체득하는 내용은 '선조체'라는 부분을 사용한다. 토익 공부, 자격증 공부, 독서를 할 때는 해마를 사용해 그 내용을 기억으로 저장한다. 반면, 새로운 운동을 배우는 것과 신체를 활용해서 하는 업무는 선조체라는 부분을 사용해서 기억으로 저장한다.

당신이 공부하는 내용은 해마라는 부분을 사용해서 기억을 형성해야 할 것이다. 하지만 멀티태스킹을 하면 이 작업이 정상적으로 일어나지 않는다. 작업 전환이 일어날 때는 해마의 활동은 감소하고 선조체의 활동은 증가한다. TV를 보면서 책을 읽는 등 여러 가지 일을 동시에 하면 정보는 선조체로 보내진다. 정보가 잘못된 곳으로 보내지는 것이다.

잘못된 곳에 저장된 정보는 필요할 때 꺼내 쓸 수 없게 된다. 뇌의 용량만 차지해서 머리만 복잡하게 할 뿐이다. 공부하는 내용을 나중에 꺼내쓰고 싶다면, 한 가지 일에만 집중해야 한다.

1%의 슈퍼 멀티태스커

한 가지 정정하고 갈 내용이 있다. 앞서 나는 멀티태스킹은 인간의 뇌 구조상 불가능한 것이고, 멀티태스킹을 하면 큰 대가를 치러야 한다고 이야기했다. 하지만 멀티태스킹을 해도 아무런 영향을 받지 않는 사람들도 있다. 이 사람들은 신기하게도 작업 전환을 할 때 정신 에너지를 소모하지 않는다. 이런 사람들은 '슈퍼 멀티태스커(super multitasker)'라고 불리는 소수 집단이다. 슈퍼 멀티태스커는 인구의 1% 정도를 차지한다. 100명 중 1명꼴로 있다.

'나도 1%에 해당하는 슈퍼 멀티태스커가 아닐까?'라고 생각할지 모르겠다. 하지만 그럴 가능성은 정말 작다. 0퍼센트라고 생각하는 것이 좋다.

사람이라면 누구나 자신이 남들보다는 특별한 존재라고 인식하기 때문에, 자신도 1%에 해당하는 슈퍼 멀티태스커일지도 모른다고 생각한다. 당신도 직장 상사도 당신의 친구도 똑같이 생각할 것이다.

하지만 1퍼센트의 확률은 정말 낮다.

1%의 사람은 귓바퀴 뒤쪽으로 고대 물고기 조상이 남긴 아가미의 잔해라고 여겨지는 작은 구멍을 갖고 있다.

1%의 사람은 머리 뒤쪽으로 뚜렷한 쌍가마가 있다.

1%의 사람은 엄지 손가락을 뒤로 완전히 구부렸을 때 손목에 닿는다.

이 세 가지 특징 중에 당신이 가지고 있는 것이 있는가? 1퍼센트의 확률은 이렇듯 엄청나게 희박한 것이다. 당신이 슈퍼 멀티태스커일 확률처럼 말이다. 하지만 당신이 정말 슈퍼 멀티태스커인지 궁금하다면 구글에서 'supertasker test'를 검색하면 된다.

멀티태스킹에 예외는 없다

여기까지 읽은 당신은 멀티태스킹은 공부에 악영향을 끼친다는 것을 충분히 이해했을 것이다. 하지만 일부의 독자는 이렇게 생각할지도 모른다. '나는 멀티태스킹이 잘 되는데?' 이런 독자를 위해 한 가지 연구 결과를 소개하겠다.

스탠퍼드대학교의 연구자들은 서로 다른 사고 과정이 필요한 과제를 제시한 후, 얼마나 멀티태스킹을 잘하는지 살펴보았다. 연구에는 300명이 참여했는데, 그중 절반인 150명은 공부하면서 동시에 서로 다른 인터넷 사이트를 서핑하는 데 전혀 문제가 없다고 답했다. 즉 멀티태스킹을 하는 데 전혀 문제가 없다고 답했다. 나머지 절반은 한 번에 하나씩 수행하는 것을 선호했다. 이렇게 두 그룹으로 나눠 집중력을 살펴보는 일련의 실험을 진행한 결과, 멀티태스킹을 해도 전혀 지장이 없다고 생각해서 멀티태스킹을 했던 사람은 집중력이 더 낮았다. 훨씬 집중을 못했다. 특히 중요하지 않은 정보를 걸러내는 실험에서 제대로 필터링을 하지 못했다.[7]

이 연구가 시사하는 바는 자신이 아무리 멀티태스킹을 잘할 수 있고, 멀티태스킹을 해도 지장이 없다고 생각해도 그건 단지 자신의 느낌일 뿐이라는 것이다. 멀티태스킹은 누구에게도 예외 없이 정신 에너지를 계속 소모시켜 그 사람을 멍청이로 만든다.

멀티태스킹을 하는 사람은 절대 공부를 잘할 수 없다

우리가 일상에서 접할 수 있는 멀티태스킹은 다양하다. 회사 동료와 이야기하면서 업무를 처리하는 사람, 카페에서 친구와 이야기하면서 공부하는 사람, 도서관에서 음악을 들으면서 공부하는 사람 등 정말 많다.

수많은 멀티태스킹 행위 중 가장 많은 사람이 하고 공부에 가장 악영향을 끼치는 것은 바로, 공부를 하면서 스마트폰을 수시로 확인하는 것이다.

앞서 살펴봤듯이 멀티태스킹은 작업 전환을 반복적으로 일으킨다. 그리고 이런 작업 전환은 공짜가 아니다. 작업 전환은 정신 에너지를 빠르게 소모해 공부를 오래 할 수 없도록 만든다.

작업 전환이 일어날 때 소모되는 정신 에너지가 얼마라고 정확하게 말할 수는 없지만, 한 연구에 따르면 수분의 시간이 소모된다고 한다. 5분이라고 가정하겠다.

전환이 일어날 때 소모되는 5분의 정신 에너지는 무시할만한 수치가 아니다. 당신이 공부를 하다가 스마트폰을 15초 확인하고 다시 공부로 돌아왔다고 가정하자. 이 과정에서는 몇 번의 작업 전환이 일어났을까? 〈공부→스마트폰〉, 〈스마트폰→공부〉 두 번이다. 이 과정은 15초만에 일어났지만, 이 과정으로 인해 낭비되는 정신적 에너지는 10분 분량에 해당한다.

이렇게 스마트폰을 한번 확인하는 행위는 짧은 시간 동안 일어나지만, 10분의 집중력을 소모시켜 버린다. 스마트폰을 10번 확인하면 100분의 집중력이 날아가 버린다.

보통 스마트폰을 책상 위에 올려두고 공부를 하면, 최소 20~30번은 확인하게 된다. 이는 약 3~5시간의 집중력을 소모시켜버린다. 당신이 하루에 집중할 수 있는 최대 시간이 6시간이라고 하면, 잦은 스마트폰 확인으로 인해 집중력은 금방 소모되고 결과적으로 1~2시간 밖에 집중할 수 없게 될 것이다. 6시간을 꾸역꾸역 채운다고 해도, 공부 효율이 10분의 1 수준으로 떨어져서 스마트폰 없이 집중해서 3시간을 공부하는 사람에게 질 수밖에 없다.

나는 한 가지 확신할 수 있다. 스마트폰을 끼고 공부하면 당신은 절대 공부를 잘할 수 없다. 10시간씩 공부해도 공부를 절대 잘할 수 없다. 이렇게 하는 10시간의 공부는 멀티태스킹을 하지 않고 하는 4시간의 공부보다 가치가 낮기 때문이다.

스마트폰은 쉬는 시간에만 사용하라

나는 당신에게 스마트폰 사용 시간을 줄이라고 이야기하는 것이 아니다. 스마트폰 사용 시간 자체를 줄일 필요는 없다. 스마트폰 사용 시간을 줄이는 것은 나에게도 어려운 행위이다.

스마트폰 하루에 3시간 정도 사용한다면 그대로 3시간 사용해도 된다. 7시간 사용한다면 그대로 7시간 사용해도 된다. 당신이 바꿔야 하는 한 가지는 스마트폰을 사용하는 시간대이다.

한 가지 규칙을 정하고 지키길 바란다. '공부할 때는 스마트폰을 절대 사용하지 않는 것'이다. 그렇다면 어떻게 스마트폰을 사용하지 않을 수 있을까?

의지력으로 스마트폰을 사용하지 않으려는 것은 어리석은 짓이다. '열정은 쓰레기다, 환경을 만들어라!' 챕터에서 알아봤듯이 인간의 의지력은 그렇게 강하지 않고 의지력은 또한 에너지이다. 스마트폰을 책상에 올려 놓고 공부를 하면, 스마트폰을 확인하고 싶은 충동을 계속해서 이겨내야 한다. 이런 충동을 무시하고 이겨내는 것은 뇌가 의식적으로 힘을 써야 하는 적극적인 행위이다. 충동을 억제하는 것도 역시 정신 에너지를 소모한다.

책상 위에 올려 놓은 스마트폰은 그 자체만으로 당신의 정신 에너지를 계속해서 소모시킨다. '안 쓰면 되지'라는 안일한 생각을 가져서는 안 된다.

스마트폰을 사용하지 않는 가장 쉬운 방법은 스마트폰을 눈에 안 보이는 곳에 멀리 두는 것이다. 이는 '열정은 쓰레기다, 환경을 만들어라!' 챕터에서 다뤘던 내용인데, 중요하기 때문에 한 번 더 다루겠다. '눈에 안 보이는 곳에 멀리'가 중요하다. 단순히 눈에 안 보이는 곳에 두는 것만으로는 충분하지 않다. 스마트폰은 멀리 있어야 한다. 대학생 500명을 대상으로 기억력과 집중력 테스트를 했는데, 실험실 바깥에 휴대전화를 둔 학생들이 무음으로 바꿔서 주머니에 넣은 학생들보다 더 좋은 결과를 얻었다.[8] 자기 스마트폰의 존재를 단순히 인식한 것만으로도 인지 능력이 떨어진 것이다. 이처럼 스마트폰은 보이지 않는 곳에 있는 것만으로는 충분하지 않다. 멀리 있어야 한다.

공부를 시작하기 전에 스마트폰을 눈에 보이지 않는 먼 곳에 둬라.

나는 작업을 시작하기 전에 항상 스마트폰을 거실에 둔다. 눈에 보이지 않는 먼 곳이다. 좀 더 집중을 해야 하는 작업을 할 땐, 스마트폰을 내 방에서 제일 먼 곳인 베란다에 있는 신발장 안에 둔다. 그 신발장까지 가려면 베란다를 거쳐야 하는데 베란다에는 빨래가 항상 있어서 정글 탐험 하듯이 빨래를 손으로 휘저으면서 가야 한다. 이 과정은 상당히 성가시고 귀찮다. 이렇게 눈에 안 보이는 먼 곳에 두면 스마트폰을 가지러 가는 것이 귀찮아서라도 지금 하고 있는 일에 집중하게 된다.

만약 당신이 카페에서 공부하고 있어서 스마트폰을 멀리 둘 수 없다면, 가방 제일 구석에 넣어둬라. 그러면 가방을 뒤지는 행위 자체가 귀찮은 것이 돼서 스마트폰이 심리적으로 멀리 있는 것처럼 느껴지게 된다.

이렇게 공부할 때는 스마트폰을 눈에 안 보이는 곳에 멀리 두자. 그렇게 공부를 하고 쉬는 시간에 스마트폰을 사용하자. 50분 공부하고 10분 사용, 혹은 75분 공부하고 15분 사용 이런 식으로 자신의 집중력에 맞춰서 공부 시간과 스마트폰 사용 시간을 조절하면 된다.

똑같이 스마트폰을 10분 사용한다고 해도, 50분 공부하고 10분 사용하는 것과, 1시간 공부 도중 10분 사용하는 것은 정신 에너지 소모 수준이 다르다. 50분 공부하고 10분 스마트폰을 사용하는 것은 작업 전환을 일으키지 않지만, 1시간 공부를 하면서 틈틈이 10분 스마트폰을 사용하는 것은 수십번의 작업 전환을 일으켜서 정신적 에너지를 크게 소모시켜 버린다.

스마트폰 총 사용 시간을 줄일 필요는 없다. 단지, 사용하는 시간대를 바꿈으로써 정신 에너지를 보호해 공부 효율을 높여 남들보다 앞서나갈 수 있다. 오늘 당장 시작해보길 바란다.

멀티태스킹만 안 해도 상위 10%가 될 수 있다

당신이 기뻐해야 할 사실 하나는, 많은 이들이 멀티태스킹의 폐해를 정확히 몰라서 공부할 때 거리낌 없이 멀티태스킹을 한다는 것이다. 멀티태스킹의 문제점을 알고 이 개념을 공부에 적용하려는 사람은 정말 극소수다(그동안 노래를 들으며 공부하는 사람들, 카톡을 하며 공부하는 사람들을 얼마나 많이 봐왔는가?).

그렇기 때문에 공부를 잘하기는 쉽다. 대다수의 사람들은 공부할 때 멀티태스킹을 하기 때문에 공부할 때 스마트폰을 사용하지 않는 것만으로도 대부분의 사람들을 앞지를 수 있기 때문이다.

이 챕터의 내용이 모든 이들을 '무조건' 성적을 상위 1%로 가게 하는 황금 동아줄은 아닐 것이다. 하지만 여기서 배운 내용을 다른 챕터의 내용들과 함께 적용한다면 어떨까? 상위 1%가 될 수 있을 것이다.

나는 요즘에는 하루에 많아야 4시간 정도를 공부한다. 그 외의 시간은 취미를 즐기거나 친구를 만나서 논다. 그럼에도 비슷한 집단의 사람들보다 짧은 시간 안에 많은 지식을 습득할 수 있다. 그럴 수 있는 이유는 내가 머리가 좋아서가 아니다. 이번 챕터에서 다룬 개념을 항상 일상

생활에서 적용하고 있기 때문이다.

하루 10시간 멀티태스킹 하면서 공부하는 사람vs하루 4시간 멀티태스킹 없이 공부하는 사람

누가 더 좋은 결과를 얻을지는 이제 당신도 알 것이다. 당신은 어느 편에 서고 싶은가?

제6장

아무도 알려주지 않는 멍때리기의 비밀

하루에 10분 투자하고 남들보다 앞서 나가는 방법

'멍때리지마!'

공부법 컨설팅을 진행하면 멍때리며 쉬는 시간을 아까워하는 케이스의 고객을 만나곤 한다. 이들은 공부 시간을 더 확보하려고 쉬는 시간을 최소화하는 것뿐만 아니라 이동 시간, 밥 먹는 시간까지 줄이려고 애쓰곤 한다. 이 모습은 공부를 못하던 내 고등학교 시절과 닮아있다. 나도 마찬가지로 멍때리면서 보내는 쉬는 시간을 견디지 못했다. 시간이 너무 아깝다는 이유에서였다.

컨설팅 고객과 과거의 나를 포함한 많은 사람들은 멍때리는 행위를 대개 '비생산적이다'라고 생각하며, 그 시간을 줄이려 애쓴다. 무리는 아니다. 수업 시간이나 업무 도중 멍때리는 사람은 보통 '해야 할 일에 집중하지 않는 사람'이기 때문이다.

하지만 뇌과학적으로 멍때리면서 휴식하는 것은 매우 생산적이고 필수적인 행위이다. 혼자 공부할 때 만큼은 말이다. 왜 그런지에 대해선 이제부터 알아보자.

멍때리지 않으면 공부한 내용이 삭제된다

멍때리기는 공부할 때 선택이 아닌 필수이다. 반드시 해야 하는 것이다. 멍때리지 않고 공부만 할 때 어떤 대가를 치르게 되는지 살펴보자.

기억 저장소는 크게 단기 기억 저장소와 장기 기억 저장소로 나눌 수 있다. 단기 기억 저장소는 잠깐 동안 기억할 내용을 저장하는 저장소이고, 장기 기억 저장소는 오랫동안 기억할 내용을 저장하는 저장소이다.

공부하는 내용은 먼저 단기 기억 저장소에 쌓인다. 당신이 지금 읽고 있는 이 책의 내용도 단기 기억 저장소에 저장되는 것이다.

단기 기억 저장소는 용량이 한정되어 있다. 저장할 수 있는 공부의 양이 한정되어 있다. 반면 장기 기억 저장소는 용량이 거의 무한대이다. 저장할 수 있는 공부의 양이 한정되어 있지 않은 것이다.

멍때리지 않고 공부만 할 때는 어떤 일이 발생할까? 앞서 살펴봤듯이 공부하는 내용은 일차적으로 단기 기억 저장소에 쌓인다. 오랫동안 의자에 앉아서 계속 공부한다면, 그 내용들은 단기 기억 저장소에 계속해서 쌓이고, 결국 단기 기억 저장소의 용량이 꽉 차버리게 된다.

장시간 공부로 단기 기억 저장소의 용량이 꽉 찬 상태서 더 공부하면 어떻게 될까? 두 가지 상황이 발생한다.

첫 번째 상황은 새로운 내용을 단기 기억 저장소에 넣기 위해 초반에 공부한 내용을 제거해버리는 것이다. 아침부터 공부했다면 아침에 공부한 내용이 그냥 삭제되어 버리는 것이다.

두 번째 상황은 새로운 내용을 단기 기억 저장스에 넣기를 거부하는 것이다. 지금 공부하고 있는 내용이 저장소에 쌓이지 않게 되는 것이다.

이러한 두 가지 상황은 공부를 무의미하게 만든다. 밑 빠진 독에 물 붓기가 되는 것이다.

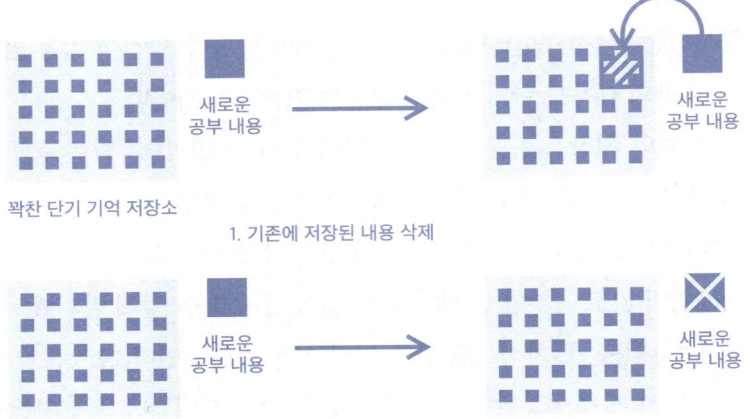

1. 기존에 저장된 내용 삭제

2. 새로운 내용 저장 거부

멍때리기의 역할: 기억 전송

장시간 공부하는 행위는 단기 기억 저장소를 꽉 차게 만든다. 그리고 꽉 찬 상태에서 하는 공부는 무용지물이다. 그렇다면 더 이상 공부하지 말아야 하는 것일까?

그렇지 않다. 이럴 때 필요한 것이 바로 '멍때리기'이다. 멍때리기는 수많은 기능을 수행하지만 이번 챕터에서는 한 가지 기능에서만 주로 다루려고 한다. 그 기능은 바로 '기억 전송'이다.

멍때리기는 단기 기억 저장소의 내용들을 장기 기억 저장소로 옮긴다. 장기 기억 저장소로 옮겨진 내용은 단기 기억 저장소에서 삭제된다.

단기 기억 저장소가 말끔해지는 것이다. 멍때리기를 통해 단기 기억 저장소가 깔끔해지면, 그때서야 비로소 새로운 내용을 공부할 수 있게 된다.

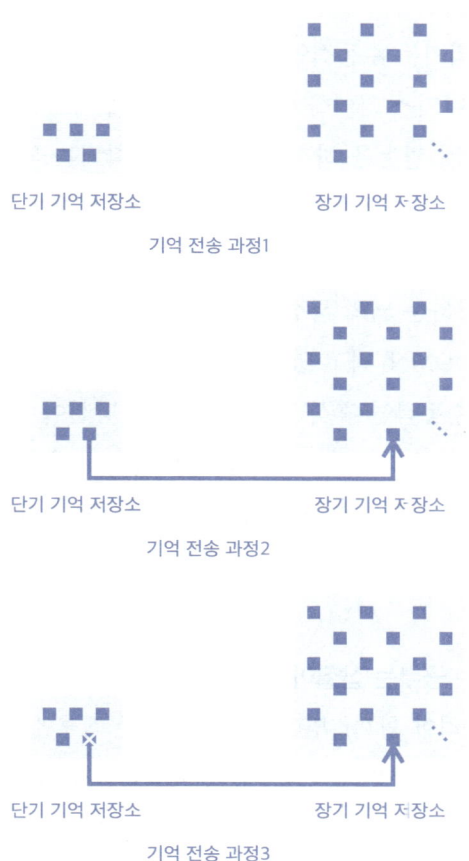

멍때릴 때 뇌는 활성화된다

우리는 멍때릴 때 흔히 뇌가 천천히 움직이며 휴식을 취한다고 생각하기 쉽다. 아무 생각도 하지 않으니 뇌가 휴식을 취한다고 생각하는 게 당연해 보인다.

하지만 멍때리기는 수동적인 행위가 아니다. 능동적인 행위이다. 미국의 뇌과학자 마커스 라이클 박사는 2001년에 뇌영상 장비를 통해 사람이 아무런 인지 활동을 하지 않을 때 활성화되는 뇌의 특정 부위를 알아낸 후 논문으로 발표했다. 그 특정 부위는 생각에 집중할 경우 오히려 활동이 줄어들기까지 했다. 라이클 박사는 뇌가 아무런 활동을 하지 않을 때 작동하는 뇌의 특정 부위를 '디폴트 모드 네트워크(default mode network:DMN)'라고 명명했다.

멍때리기는 수동적인 휴식 과정이 아니다. 당신이 창밖을 바라보면서 멍때릴 동안 혹은 눈 감고 누워있을 동안, 당신의 뇌는 활발하게 활동하며 단기 기억 저장소에 있는 내용을 장기 기억 저장소에 옮긴다.

멍때리기 없는 공부는 삽질이다

언제 멍을 때려야 할까? 멍때리기는 공부한 직후에 해야 한다. 앞서 살펴봤듯이 당신이 공부하는 내용은 단기 기억 저장소에 쌓이고, 오래 공부하면 단기 기억 저장소가 꽉 차버린다. 이렇게 단기 기억 저장소가 꽉 찬 상태에서 공부하면 두 가지 손해를 본다.

첫 번째는 단기 기억 저장소에 새로운 내용을 넣기 위해 이전에 공부했던 내용을 삭제한다는 것이다. 공부한 내용을 장기 기억 저장소에 넣지 못하고 삭제되는 것은 엄청난 손해이다.

두 번째는 단기 기억 저장소에 새로운 내용을 넣기를 거부한다는 것이다. 이 상태에서 공부를 10시간 더 해봤자, 그 내용은 저장소에 쌓이지 않는다. 정말 무의미한 짓을 하는 것이다.

공부 중간에 멍때리기를 하지 않으면 이런 두 가지 손해를 보게 된다. 이런 손해를 매일 보게 되면, 공부를 열심히 해도 공부를 못하게 되는 것은 당연하다.

이제는 공부 중간에 멍때리기를 꼭 해야 한다는 필요성을 느꼈을 것이다. 그렇다면 얼마나 공부하고 나서 멍때리기를 해야 할까? 얼마나 공부하면 단기 기억 저장소가 꽉 찰까?

몇 시간 공부하면 단기 기억 저장소가 꽉 찰지 단정 짓는 것은 어렵다. 왜냐하면 단기 기억 저장소의 용량은 사람마다 다 다르기 때문이다. 어떤 사람은 1시간 공부했을 때 꽉 차는 반면, 어떤 사람은 5시간 공부했을 때 꽉 찰 수 있다. 또한 공부하는 과목마다 다를 수 있다. 가벼운 취미 공부같은 경우에는 장시간 동안 공부해야 단기 기억 저장소를 꽉 채울 것이고, 머리를 많이 써야 하는 수학 같은 과목은 짧은 시간 공부해도 단기 기억 저장소를 꽉 채울 것이다. 이런 이유로 몇 시간이라고 단정짓기는 어렵다.

하지만 한 가지 단정 지을 수 있는 것은, 단기 기억 저장소의 용량은 생각보다 작다는 것이다. 사람마다 단기 기억 저장소의 용량은 다르겠지만, 대부분 1~3시간 정도 집중하면 꽉차게 된다.

1~3시간 공부하고 나면 더 공부하지 말고 반드시 멍때리는 시간을 갖길 바란다. 공부를 더 하겠다고 꾸역꾸역 의자에 앉아있는 것은 아무런 도움도 안 된다. 시간 낭비다.

어려운 공부 뒤에는 오래 멍때려야 한다

많은 집중력을 요구하는 공부를 하고 나면 멍때리기를 더 오래 해야 한다. 적당한 집중력을 요구하는 과목을 1시간 동안 공부하고 10분 휴식하면 다 회복된다고 가정하자. 그러면 많은 집중력을 요구하는 과목을 1시간 후에는, 10분보다 훨씬 긴 시간 동안 휴식을 가져야 한다. 오랫동안 충분히 쉬지 않으면 단기 기억 저장소가 완전히 비워지지 않기 때문에 이후에 하는 공부가 무의미해질 가능성이 높다.

나의 경우에는 토익 기출 문제집을 풀고 나면 정신적으로 상당한 피로감이 몰려온다. 토익 기출 문제집 1회는 2시간 동안 쉬지 않고 풀어야 한다. 게다가 토익은 시간이 부족한 시험이기 때문에 주어진 시간 내에 엄청난 집중력을 발휘해야 한다. 이런 이유로 기출 문제집 1회를 다 풀고나면, 꼭 1시간 정도는 쉬는 편이다. 누워서 가만히 눈 감고 쉴 때도 있고, 밥 먹으러 외출을 다녀오기도 한다. 조금만 쉬고 다시 공부하는 어리석은 짓은 하지 않는다.

반면에 자기 개발을 위한 독서를 할 땐 멍때리는 시간을 오래 갖지 않는다. 2시간 정도 독서를 하면 20분 정도만 멍따린다. 산책하러 가거나 침대에 누워있는다. 20분 정도면 단기 기억 저장소가 말끔해지고, 집중력이 다시 돌아온다.

당신에게도 집중력을 많이 요구하는 공부가 있을 것이다. 하고 나면 진 빠지는 공부가 그런 공부에 속한다. 이런 공부를 하고 나면 반드시 가만히 멍때리는 시간을 가져야 한다. 가지지 않는다면 공부를 잘할 수 없다.

더 이상 집중이 안 되는데 붙잡고 있는 것은 미친 짓이다

단기 기억 저장소가 꽉 찼다는 증거 중 하나는 더 이상 집중이 안 되는 것이다. 장시간 공부했더니 더 이상 집중이 안 된 경험이 있지 않은가? 이런 경우 당신의 뇌가 당신에게 친절히 알려주는 것이다. 단기 기억 저장소가 꽉 찼으니 좀 쉬라고.

공부할 때 가장 바보 같은 짓 중 하나는 집중이 안 되는데 꾸역꾸역 앉아서 버티는 것이다. 더 이상 집중이 안 되는 건 단기 기억 저장소가 꽉 찼다는 증거인데, 이런 상태에서 공부하는 것은 앞서 살펴봤듯이 아무런 효과가 없다. 이전에 공부했던 내용이 삭제되거나 새로 공부하는 내용이 입력되지 않는 두 가지 문제 중 하나를 일으킬 뿐이다.

또한 꾸역꾸역 공부하는 것은 의지력을 빠르게 소진시킨다. 이렇게 빠르게 소진된 의지력은 그날 공부를 빠르게 끝내도록 만든다. 다음 날 공부가 하기 싫어지는 것은 덤이다.

집중이 안 되는데 꾸역꾸역 1시간을 더 공부하는 것보다. 차라리 30분 쉬고 30분을 더 공부하는 것이 뇌과학적으로도 훨씬 효율적이다. 꾸역꾸역 더 하는 1시간은 공부를 아예 안 하는 것만도 못하다. 차라리 30분을 쉬고 30분을 공부하는 것이 현명한 선택이다.

나는 고등학교 시절에 멍때리기 개념을 몰랐기 때문에 꾸역꾸역 공부를 했다. '공부는 엉덩이로 한다'라는 말을 믿고 집중이 더 이상 안 돼도 어떻게든 앉아서 공부를 하려고 애썼다. 그렇게 애썼지만, 결과는 최하위권의 성적뿐이었다.

하지만 지금은 더 이상 집중이 안 되면 반드시 멍때리기를 한다. 멍때리기가 비생산적이고 수동적인 행위가 아닌 생산적이고 능동적인 행위인 것을 알기 때문이다. 멍때리기의 개념을 알고 적용하고 나니 공부 시간이 줄었지만 이전보다 공부를 더 잘할 수 있게 되었다. 미치도록 노력해도 공부를 못했던 고등학교 시절과 달리, 지금은 멍때리기 덕분에 놀면서도 좋은 성과를 거두고 있는 것이다.

당신도 선택할 수 있다. 꾸역꾸역 힘들게 공부해서 50점을 받고 싶은가? 아니면 푹 쉬면서 공부해서 100점을 받고 싶은가?

멍때리기를 할 때 주의할 점

학습 직후에 멍때리기를 할 때는 주의할 점이 한 가지 있다. 바로 스마트폰을 사용하지 말아야 한다는 것이다. 스마트폰을 사용하는 동안 수많은 정보들을 접하게 되는데, 이 정보들도 공부 내용과 마찬가지로 단기 기억 저장소에 저장된다. 단기 기억 저장소가 꽉 찬 상태에서 스마트폰을 사용하면 단기 기억 저장소에 있던 공부 내용의 일부는 삭제된다. 스마트폰을 사용하면서 접했던 정보들을 저장하기 위해서이다.

인간의 뇌는 중요한 정보와 중요하지 않은 정보를 구분하지 못한다. 공부했던 내용과 카톡 대화 내용 중 어떤 것이 중요한지 구분할 능력이 없다. 그렇기 때문에 뇌는 카톡 대화 내용을 단기 기억 저장소에 넣기 위해 공부 내용을 과감히 삭제해버린다.

TV를 보는 것과 친구와 수다를 떠는 것도 멍때릴 때 하지 말아야 할 행동이다. 그 내용들도 모두 단기 기억 저장소에 저장되기 때문이다. 이는 마찬가지로 공부한 내용을 삭제해버린다.

이런 이유로 학습 직후에 단순히 휴식을 취하는 것으로는 부족하다. 공부한 내용을 온전히 장기 기억 저장소에 저장하고 싶다면, 멍때리기를 통해 기억을 전송할 시간을 반드시 가져야 한다.

학습 직후에 스마트폰을 사용하고 싶다면, 멍때리기를 하고 나서 스마트폰을 사용하기를 권한다. 공부를 1시간 하고, 멍때리기를 10분 하고, 스마트폰을 사용하는 식으로 말이다. 이렇게 멍때리는 시간을 규칙적으로 확보하면, 단기 기억이 장기 기억으로 옮겨지면서, 단기 기억 저장소가 말끔한 상태로 다시 공부를 할 수 있게 된다.

멍때리기 효과를 극대화시키는 세 가지 방법

학습 직후에 멍때리기를 하는 습관을 가지면, 학습 효율을 엄청 높일 수 있다. 이것은 당신이 덜 공부하면서도 남들보다 앞서갈 수 있게 만들어줄 것이다.

멍때리기를 하는 것만으로도 학습 효율을 충분히 높일 수 있지만, 멍때리기의 효과를 극대화시킬 수 있는 팁들을 소개하고자 한다. 이 팁들은 과학적으로 입증된 부분과 개인적인 경험 둘 다 포함하고 있다.

멍때리기의 효과를 극대화시키는 첫 번째 팁은 눈을 감는 것이다. 눈을 감으면 뇌파가 알파파 상태로 변하게 된다. 쉽게 말하면 멍때리기 모드가 된다는 것이다. 눈을 감으면 알파파 상태가 되어 멍때리기 모드에 빠르게 진입할 수 있게 된다. 또한 멍때리기를 쉽게 유지할 수 있도록 도와준다. 나는 공부한 직후에 침대에 누워서 눈을 감고 10분 정도 가만히 쉬곤 한다.

두 번째 팁은 산책하는 것이다. 눈을 감는 것처럼 산책도 뇌파를 알파파 상태로 만든다. 산책은 자연스럽게 멍때리기에 진입할 수 있게 하는 좋은 방법이다. 나는 집중력이 많이 소모되는 공부를 해서 회복이 잘 안 될 때 산책을 활용한다. 약간의 휴식이 필요할 땐 첫 번째 팁인 누워서 눈감기를 하지만, 긴 휴식이 필요할 땐 30분 정도 산책한다. 산책하고 오면 단기 기억 저장소가 비워져 집중력이 충만한 상태로 공부를 할 수 있게 된다. 단, 산책할 땐 꼭 스마트폰을 두고 가자.

세 번째 팁은 첫 번째 팁에서 더 발전시킨 것이다. 눈을 감고 멍을 때릴 때 방금 학습했던 내용을 의식의 흐름대로 떠올려보는 것이다. 의식에 흐름에 맡기는 것이다. 단, 공부했던 내용을 너무 체계적으로 떠올리려 하면 안 된다. 논리적으로 체계적으로 공부한 내용을 떠올리려 하면, 멍때리기 모드로 진입되지 않아서 학습에 방해될 수 있다. 편안하게 눈을 감고 의식에 흐름에 맡겨 공부했던 내용을 떠올리면, 멍때리기 효과와 복습 효과 둘 다 누릴 수 있다. 멍때리기를 하면서까지 공부했던 내용을 다시 한번 떠올리게 되면, 우리의 뇌는 그 내용이 정말 중요한 내용이라고 인식하게 되면서, 그 내용을 장기 기억 저장소로 더 효율적으로 보낸다.

멍때리기 효과를 극대화시킬 수 있는 세 가지 팁을 살펴봤다. 이 팁들을 활용하면 멍때리기의 효과를 두 배 이상 높일 수 있을 것이다. 하지만 세 가지 모두 적용하려고 애쓰지 않아도 된다. 멍때리기를 하기만 해도 공부 효율을 엄청 높일 수 있기 때문이다. 멍때리기를 습관으로 만들고 나서, 이후에 이 팁들을 적용해도 충분하다.

10분 멍때리기가 미래를 바꾼다

멍때리기는 노력없이 공부 효율을 높일 수 있는, 가성비 좋은 방법이다. 공부를 끝내고 10분간 눈을 감고 있으면 된다니. 이렇게 쉬운 공부법이 또 어디 있겠는가?

하지만 쉬운 공부법이라고 해서 무시해선 안 된다. 멍때리기는 '스노우볼 효과'처럼 복리로 작용하기 때문이다(작은 행동의 시작이 성공의 결과를 가져온다는 '스노우볼 효과').

멍때리기를 적용해 살아가는 사람과 그렇지 않은 사람은 오늘 당장은 큰 차이가 없을 것이다. 하지만 1년 뒤에는 큰 차이가 벌어져 있을 것이다. 10년 뒤에는 엄청난 차이가 벌어져 있을 것이다. 멍때리기, 그 시작은 미미할 테지만 쌓이고 쌓이다 보면 그 결과는 창대할 것이다.

제7장

하루에 14시간씩 공부하는 괴물들의 비밀 '작은 계획'

하루 4시간 공부로 목표를 이루는 방법

이번 챕터는 다음 세 개의 질문과 함께 시작해보자.

> Q. 주말에 공부하겠다고 계획을 세웠지만, 지키지 못한 적이 있는가? (O, X)
> Q. 다이어트 계획을 세웠지만, 지키지 못한 경험이 있는가? (O, X)
> Q. 연말에 새해 계획을 세웠지만, 다음 해에 그것을 지키지 못한 경험이 있는가? (O, X)

세 가지 질문 중, 하나라도 O라고 답했다면, 이 챕터를 집중해서 읽기를 바란다.

이번 챕터의 주제는 '계획'이다. 사람들이 계획을 지키지 못하는 이유, 계획을 실패하는 것이 공부를 망친다는 사실, 계획을 작게 세웠을 때의 이점 등을 살펴볼 것이다.

이번 챕터를 읽고 나면, 실패하지 않는 공부 계획을 세울 수 있을 것이고, 그 공부 계획을 잘 지킬 수 있는 능력을 갖게 될 것이다.

3월 헬스장에 파리가 날리는 이유

새해를 알리는 제야의 종이 울리고 나면, 헬스장은 신규회원들로 문전성시를 이룬다. 이들은 '3대 중량 500' 혹은 '이번 여름엔 비키니를 입겠다'라는 일념 하나로 열심히 운동한다.

토익 학원도 마찬가지이다. 1월의 토익 학원은 각종 개념서와 문제집을 옆구리에 끼고 신규 등록을 하러 온 수험생, 취준생들로 가득하다.

하지만 1월, 2월이 지나고 3월이 되면 의욕이 충만했던 이들의 수는 반의 반의 반으로 줄어든다. 도대체 무엇이 이들의 의지를 사라지게 한 걸까? 타노스가 핑거스냅이라도 튕긴 걸까?

새해 계획만이 문제가 아니다. 우리는 평소에 세우는 계획도 잘 지키지 못하곤 한다. 앞으로 한 달 동안 자격증 공부를 하겠다는 계획, 이번 주말에 공부하겠다는 계획, 심지어 오늘 저녁에 공부하겠다는 계획도 잘 지켜지지 않는다.

나도 마찬가지이다. 나는 어제 1시부터 6시까지 책을 쓰기로 계획했었지만, 막상 쓰기 시작하니 집중력이 떨어져서 4시까지만 썼다. 계획을 지키지 못한 것이다.

나와 당신을 포함한 대부분의 사람들은 계획을 세우고 그것을 잘 지키지 못한다. 그럼에도 우리는 지키지 못할 계획을 세우는 일을 반복한다.

계획을 못 지키는 건 당연한 것이다

계획을 못 지키는 사람은 DNA에 문제라도 있는 것일까? 전혀 그렇지 않다. 인간이라면 누구나 계획을 못 지킨다. 계획을 세우고 그것을 지키지 못하는 것은 인간의 당연한 본성이다.

오히려 계획을 세우고 잘 지키는 사람들이 별난 케이스다. 이런 사람들은 보통 전두엽이 평균 이상으로 크게 발달해있는 사람으로 전체의 10%도 채 안 된다. 이런 타고난 사람을 기준으로 삼고 계획을 잘 지키는 것이 당연한 것이라고 생각하면, 계획을 잘 못 지키는 자기 자신을 자책하게 될 뿐이다.

당신이 먼저 인정해야 하는 것은, 인간은 계획을 잘 못 지키게 설계되었다는 것이다. 이런 인간의 본성을 무시하면, 계획을 못 지킬 때마다 '나는 계획도 못 지키고 안될 놈인가보다'라고 자책하는 일이 생긴다. 이런 자책이 누적되면 결국 공부에 자신감을 잃고 공부를 기피하게 될 뿐이다. 그러니 인간은 계획을 잘 못 지키게 설계되었다는 사실을 먼저 인정해야 한다.

계획을 짤 때 의지력>계획을 실행할 때 의지력

가상의 인물, 의지박약 '둘리'의 이야기를 통해 새해 계획이 망하는 과정을 살펴보자.

둘리의 새해 계획은 몸짱이 되는 것이다. 둘리는 평소보다 의지력이 넘친다. 주 7회 매일 1시간씩 운동하는 것은 물론이고, 6개월 안에 3대 중량 500kg를 성공할 것 같다. 즐거운 마음으로 헬스장 이용권을 12개월 할부로 질렀다.

새해가 밝았다. 둘리는 의지력이 넘쳐서인지 헬스장이 좋다. 맨몸 스쿼트로 지친 상태지만 마음만큼은 보디빌더다. 운동 시간 1시간이 짧게 느껴진다.

2주가 지났다. 의지력이 조금 떨어졌다. '아~어차피 맨몸 스쿼트할거면 집에서 해도 되잖아?' 주 5회만 헬스장에 가고 나머지 2일은 집에서 하기로 했다(당연히 집에선 운동을 안 했다).

2월이 됐다. 의지박약의 대명사 둘리답게 헬스장에 안 갈 이유를 만들기 시작한다. '운동 자주 하면 관절 박살 난다는 글이 있네? 쉬엄쉬엄 해야겠다. 주 2회만 해야지'(물론 주 2회조차 안 간다)

어느새 3월이 됐다. 헬스장 카운터에서 근엄한 표정을 하고있는 둘리가 보인다. "저 바빠서 못 나올 것 같은데, 이용권 2개월만 정지해주세요."(그 뒤로 헬스장에서 둘리의 모습을 본 사람은 아무도 없었다)

둘리의 이야기는 새해에 거창한 계획을 세웠다가 매번 실패해버리는 우리 모두의 이야기이다.

이처럼 우리가 계획을 못 지키는 근본적인 이유는 무엇일까? 그건 계획을 짤 때와 계획을 실행할 때의 의지력 차이 때문이다.

둘리가 운동 계획을 짤 때는 의지력이 넘치는 상태였다. 하지만 계획을 실행할 땐 의지력이 평소 수준으로 내려왔다. 이런 의지력 차이 때문에 계획을 실패한 것이다.

대부분의 사람들은 계획을 짤 때 넘치는 의지력을 기준으로 공부량, 운동량 등을 정한다. 당시의 의지력으로는 충분히 해낼 수 있을 것 같기 때문이다. 하지만 막상 계획을 실행할 땐 의지력이 평소 수준으로 떨어진다. 결국 계획을 못 지키게 된다. 계획을 짤 때오- 계획을 실행할 때의 의지력 차이 때문에 계획을 지키지 못하는 것이다.

성공 데이터와 실패 데이터는 뇌에 쌓인다

계획을 짤 때와 계획을 실행할 때의 의지력 차이 때문에 계획을 지키지 못한다는 것을 살펴봤다. 그런데 계획을 실패하는 것은 우리에게 어떤 영향을 끼칠까? 반대로 계획을 성공하는 것은 어떤 영향을 끼칠까?

주 7일 하루 8시간 공부하기를 목표로 삼았다고 가정해보자. 계획을 실행하는 처음 며칠 동안은 하루 8시간 공부를 성공한다. 이때까지는 아직 의지력이 넘치기 때문이다. 하지만 시간이 지나면 지날수록, 8시간 공부를 지키지 못하는 날이 많아지기 시작한다.

주 7일 중 주 3일만 계획을 지킨다고 하면, 7일 중에 3일은 계획 성공, 4일은 계획 실패가 된다. 문제는 이런 성공과 실패 데이터가 뇌에 차곡차곡 저장된다는 것이다. 공부 성공 12회, 공부 실패 16회 이런 식으로 말이다.

그렇다면 우리의 뇌는 이런 성공과 실패 데이터를 가지고 무엇을 할까? 우리의 뇌는 이런 데이터를 근거로 공부에 대한 흥미와 자신감을 결정한다. 공부를 하려고 할 때 우리의 뇌는 공부 데이터들을 살펴본다. 성공 데이터가 많은지 실패 데이터가 많은지 비교해본다. 만약 성공이 많다면, 뇌는 공부에 흥미와 자신감을 느끼게 된다. 그렇게 판단한 뇌는 우리에게 명령을 내린다. '공부는 좋은 것이야. 더 해!' 뇌는 우리에게 공부를 더 하도록 부추긴다. 의지력이 떨어지는 날도 공부를 할 수 있게 된다. 반면 실패 데이터가 많다면, 뇌는 공부를 재미없고 잘할 수 없는 것이라고 여긴다. 그리고선 우리에게 명령을 내린다. '공부는 나쁜 것이야. 하지 마!' 결과적으로 공부를 할 때마다 뇌의 명령을 거스르기 위해 엄청난 의지력을 써야 한다.

실패 경험과 성공 경험은 우리에게 무시하지 못할 큰 영향을 끼친다. 어떤 행위에 대한 실패 경험이 많다면 그 행위를 지속하는 것은 정말 어려워질 것이다. 반대로 성공 경험이 많다면 그 행위를 지속하는 것은 정말 쉬워질 것이다.

작은 계획은 공부를 재미있게 만든다

우리는 본능적으로 지키지 못할 계획을 짜기 때문에, 성공적인 계획을 짜기 위해선 의도적으로 계획의 강도를 낮춰야 한다.

다시 한번 강조하자면, 계획을 짤 때와 계획을 실행할 때는 의지력이 다르다. 계획을 짤 때는 의지력이 넘치고, 계획을 실행할 때는 의지력이 평균 수준으로 다시 돌아온다. 당신은 이런 인간의 심리를 알고 의도적으로 계획을 작게 짜야 한다.

공부 계획을 세울 땐, 주 7일 하루 8시간으로 세우고 싶을지 모른다. 하지만 줄여야 한다. 주 5일 하루 4시간 공부로 바꿔야 한다. '이 정도는 할 수 있겠지' 싶은 정도의 계획은 반드시 실패할 수밖에 없다. 반드시 계획의 강도를 낮춰야 한다.

주 5일 하루 4시간 공부로 낮추면, 의지력이 평소 수준으로 돌아와도 계획을 지킬 수 있을 것이다. 의도적으로 계획을 낮게 잡았기 때문에,

계획을 성공하는 날이 실패하는 날보다 더 많을 것이다. 성공 데이터가 더 많이 쌓인 당신의 뇌는 이렇게 생각할 것이다. '공부는 재미있는 것이야. 나는 공부를 잘할 수 있어' 뇌는 이 재미있는 행위인 공부를 당신에게 하라고 명령할 것이다. 그렇게 되면 의지력이 조금 떨어지는 날도 공부를 할 수 있게 된다.

계획을 세울 땐 의지력이 넘치는 상태이기 때문에, 의도적으로 작게 세워야 한다. 작게 세우면 성공 경험이 많아질 것이고, 이는 공부를 오랫동안 지속하는 것을 비교적 쉽게 만들어줄 것이다.

하루 14시간 공부하는 괴물들은 작게 시작했다

'주 5일 하루 4시간 공부로는 목표 점수를 못 얻어요!'라고 반문하는 사람이 있을지도 모른다. 막상 2개월 뒤에 중요한 시험이 있는데 공부할 시간이 부족한 상황에 처한 사람은 하루 4시간 공부로 부족할지도 모른다.

하지만 앞서 살펴봤듯이 큰 계획은 반드시 실패한다. 지금은 할 수 있을 것처럼 느껴져도 하루 이틀만 지나도 의지력은 반드시 평소 수준으로 돌아온다. 주 5일 하루 4시간 공부로는 목표 점수를 못 얻는 상황이 계획을 크게 짜야하는 이유가 될 순 없다. 상황이 어떻든 간에 큰 계획은 어차피 실패하게 되기 때문이다.

그럼 목표 점수를 못 얻고 포기해야 하는 것일까? 그렇지는 않다. 주

5일 하루 4시간 공부를 계획으로 세워 하루하루 성공 데이터를 쌓아가다 보면, 뇌는 공부를 점점 더 좋아하게 된다. 뇌가 공부 자체를 좋아하게 되면 당신이 피곤하거나 아파서 의지력이 떨어지는 날에도 뇌가 공부하라고 명령하기 때문에 할 수 있게 된다. 이렇게 선순환 구조를 그리다 보면, 어느 순간 주 5일 4시간은 너무나도 쉬운 것이 된다. 그리고 어떤 날에는 이런 생각이 들 것이다. '오늘은 1시간 더 공부해볼까?' 이미 성공 데이터가 많이 쌓여있고 뇌가 공부를 좋아하기 때문에 5시간도 그리 어렵지 않게 할 수 있게 된다. 이 순간이 바로 주 5회 5시간으로 늘릴 때이다. 이렇게 5시간 공부를 꾸준히 성공시키다 보면 또 생각이 들 것이다. '오늘은 1시간 더 공부해볼까?' 그러면 이대 하루 6시간 공부로 늘리면 된다. 이렇게 선순환하다 보면 하루 7시간, 8시간, 9시간, …, 14시간을 공부할 수 있게 되면서, 목표 점수를 받을 스 있게 된다.

　하루 14시간 공부처럼 고강도의 계획은 의지력으로 해낼 수 있는 것이 아니다. '나 오늘부터 하루에 14시간 공부한다!' 결심하고 유튜브에서 동기부여 영상을 찾아봐도, 그 의지력은 일주일 이상 지속되지 않을 것이다. 결국 실패 경험으로 남게 될 뿐이다. 하지만 충분히 할 수 있는 하루 4시간 공부부터 시작해서 하루하루 성공 경험을 쌓으면, 공부에 흥미가 생기면서 저절로 공부 시간이 5시간, 6시간, …, 14시간까지 늘어날 것이다. 이렇게 늘어난 14시간 공부는 처음부터 '14시간 공부해야지!'라고 결심하는 공부와는 달리 의지력을 '거의' 소모시키지 않는다. 점진적으로 늘린 14시간 공부는 힘들기는커녕 재미있게 할 수 있다. 뇌가 공부를 재미있는 놀이로 인식하고 있기 때문이다.

하루에 14시간씩 공부하는 괴물 같은 친구가 주변에 있을 것이다. 당신은 그런 친구를 보면서 의지력이 엄청난 대단한 친구라고 생각했을지도 모른다. 하지만 그 생각은 틀렸을 가능성이 높다. 그 친구도 처음에는 작게 시작했을 것이다. 하루 4시간, 하루 5시간을 목표로 공부했을 것이다. 성공 데이터를 쌓다 보니 공부 시간이 늘면서 하루 14시간이 되었을 것이다. 의지력도 거의 필요 없이 그냥 할 수 있게 되는 것이다.

당신도 하루에 14시간씩 공부하는 괴물이 되고 싶다면, 작게 시작해야 한다. 작게 시작하면, 성공 데이터가 쌓여서 크게 할 수 있을 것이다.

공부를 잘하느냐 못하느냐는 성공 경험에 달려있다

20대 초, 나는 '공부를 잘하는 사람과 못하는 사람의 차이는 언제 생겨나는 걸까?'라는 궁금증을 해결하고 싶었다. 선천적으로 타고난 소수의 케이스를 제외하곤 '공부 잘하는 사람', '공부 못하는 사람'이라는 낙인이 찍힌 채로 태어나지는 않을 것이기 때문이다.

이 의문을 풀고 싶어서 SKY중 한 군데에 재학 중인 고등학교 동창 성훈이를 떠올려봤다. '성훈이랑 나와의 차이가 뭘까?' 일단 성훈이는 나보다 공부 시간이 길고 집중력도 좋았다. 하지만 그것은 내 의문에 대한 답으로 충분하지는 않았다. 내 의문은 좀 더 본질적인 것이었다. '성훈이는 왜 나보다 공부 시간이 길고 집중력이 좋을까? 1살 때부터 이런 차

이가 있지는 않았을 텐데, 어떤 계기로 생겨난 것일까?'

이런 의문에 대해서 성훈이에게 물어본 적이 있었다. 성훈이는 다음과 같이 답했다.

"내가 생각하기에 가장 중요한 건 성공 경험이 있느냐야. 좋은 성적을 한 번이라도 받은 적이 있다면, 공부에 자신감이 붙어서 공부를 더 하게 되는 것 같아. 나도 초등학교 때 한번 반에서 1등을 한 적이 있어. 그다음부터는 그냥 공부하게 되더라."

공부법 컨설팅을 진행하고 있는 입장에서 보면 성훈이가 했던 말은 하나도 틀린 것이 없었다. 공부를 잘하느냐는 성공 경험의 여부에 달려 있다. 성공 경험이 있다면, 누가 시키지 않아도 스스로 공부를 열심히 하게 된다.

한 책에서는 공부를 못하는 학생을 공부 잘하는 학생으로 탈바꿈시키는 방법이라고 소개된 것이 있었다. 전체 과목을 균등하게 공부시키는 것이 아닌, 점수를 빠른 시간내에 올리기 수월한 한 과목만 파게 하는 것이다. 국어, 영어, 수학이 아닌 사회, 과학같은 과목이 예이다. 그렇게 하면 다음 시험에서 최소한 그 과목은 상위권을 하게 될 텐데, 이는 공부에 대한 흥미와 자신감을 올려놓는 결과가 된다는 것이다. 자신감을 얻은 이 학생은 다른 과목에서도 상위권을 받을 수 있다는 강한 믿음을 갖고 열심히 공부해 결국 그 결과를 얻게 된다는 이야기였다.

이런 원리는 공부가 아닌 다른 분야에도 마찬가지로 적용된다. 어느 분야에서든 상위권을 경험해본 사람은 공부를 잘할 가능성이 높다. 열심히 하면 잘할 수 있다는 자신감이 있기 때문이다.

이처럼 공부를 잘하느냐 못하느냐는 성공 경험의 여부에 달려있다. 이런 성공 경험은 꼭 좋은 성적을 거둔 경험일 필요는 없다. 이 챕터에서 주장하는 계획을 작게 세워서 하루하루를 성공시키는 것도 성공 경험을 쌓기에 정말 쉬운 방법이기 때문이다.

하루 4시간으로 시작하라

나는 재수를 시작하면서 '하루에 14시간 공부하겠다'라는 큰 계획을 세웠다. '하루에 14시간씩 공부하는 기계가 되어라'라는 인강 강사님의 쓴소리에 피가 끓어오름을 느꼈기 때문이다.

선천적인 공부 재능이 있거나 공부 습관이 잘 잡혀있는 사람에게 하루 14시간 공부는 어렵지 않을 수 있다. 하지만 그렇지 않던 내게 14시간은 '큰 계획'이었다.

첫 3개월 동안은 쉽진 않았지만 꾸역꾸역 14시간씩 공부를 했다. 자신감은 하늘을 찔렀고 '수능 만점자 최근용'이라는 현수막이 모교 정문에 걸릴 것만 같았다.

하지만 3개월이 지나자 내 의지력은 바닥을 보이기 시작했고, 공부 시간은 점점 줄어 0이 되는 지경에 이르렀다. 모교 현수막에 내 이름이 걸릴 것이라 설레발 치던 나 자신이 부끄러웠다.

실패 데이터가 많이 쌓이게 되자, 나는 더 이상 공부를 지속할 수 없었다. 나의 뇌는 이미 공부를 나쁜 것이라고 판단했기 때문이다. 그렇게 나는 공부할 의욕을 완전히 상실했고, 이후 6개월 동안 공부를 단 1시간도 하지 않았다. '내가 과연 사람인가'라는 자괴감이 들기도 했지만 한번 꺼져버린 열정은 되살아나지 않았다. 그만큼 뇌의 명령은 강력했다.

내 재수 생활이 실패로 돌아간 이유는 내게 맞지 않는 조언을 신념으로 삼았기 때문이다. 이처럼 공부를 '괴물급'으로 잘하는 사람들의 조언은 평범한 사람에게는 오히려 역효과를 낳을 수 있다. '하루 14시간 공부'처럼 말이다. 이런 조언을 신념으로 삼는다면, 실패 경험이 쌓여 공부를 그만두게 될 뿐이다. 하루 14시간을 공부하는 괴물이 되고 싶다면, 그들의 조언과는 반대로 작게 시작해야 한다. 그래야만 그들처럼 될 수 있다.

만약 당신이 과거의 나와 비슷한 처지의 수험생이라면 '하루에 4시간'을 목표치로 잡고 공부를 시작하라고 조언하고 싶다. 작은 계획으로 성공 데이터를 쌓고, 공부에 대한 흥미와 자신감을 쌓으며 공부시간을 점진적으로 늘려 나갈 수 있도록 말이다.

제8장

잠을 줄이는 것은 정신 나간 짓이다

6시간씩 10일 자면 멍청이가 된다

하루에 4시간 반만 자도 된다는 헛소리

나는 고등학교 1학년 때 공부를 열심히 했다. 하지만 반에서 거의 꼴찌였다. 전교 380등 수준의 최하위권 성적이었다. 내가 최하위권이었던 이유는 노력 부족 때문은 아니었다. 문제는 내가 열심히 하는 만큼 친구들도 열심히 한다는 것이었다.

결국 고등학생이었던 나는 수면 시간을 줄이는 것밖에는 답이 없다고 생각했다. 수면 시간을 얼마나 줄여야 할지 결정하기 위해서 인터넷에 검색을 했다. 검색 결과 중에 몇몇의 글이 눈에 띄었다. 그 글들의 주된 내용은 인간은 하루에 4시간 반만 자도 된다는 주장에 대한 것이었다. 그 당시에 내가 보기에는 근거도 꽤 그럴듯했다. 수면 주기는 90분(1시간 반)인데, 이 주기에 맞춰서 잔다면 덜 피곤하기 때문에 3사이클인 4시간 반만 자도 충분하다는 내용이었다.

어렸던 나는 과학적인 근거를 찾아볼 생각을 하지는 못했다. 꽤나 그럴듯해 보이고 솔깃했기 때문에 그 주장을 내 신념으로 받아들였다.

나는 그 당시에 하루에 7시간 잠을 자는 편이었다. 수면 시간을 5시간으로 줄이면, 2시간을 세이브 할 수 있었다. 이 세이브된 2시간을 공부에 투자한다면, 다른 친구들을 앞서나가 최하위권에서 벗어날 수 있을 것이라 믿었다. 산술적으로 계산해보니 하루에 2시간 세이브하면, 한 달이면 60시간, 1년이면 712시간을 세이브할 수 있었다. '유레카!'를 외쳤다.

그렇게 나는 그날부터 하루에 5시간씩 자기 시작했다. 이 생활 패턴은 1년 이상 지속됐다. 5시간 수면을 지속하는 동안 한 번도 정신이 맑았던 적이 없었던 것 같다. 정말 피곤하고 힘들지만, 버텼다. 4시간 반만 자도 충분하다는 신념을 가지고 있었고, 이렇게 버틴다면 성적을 올릴 수 있을 것이라 믿었기 때문이다.

이렇게 하루 5시간 수면을 1년 이상 지속해서 생긴 결과는 세 가지이다. 첫 번째는 성적이 전혀 오르지 않았다. 2시간을 세이브해서 공부했지만, 성적은 전혀 오르지 않았다. 두 번째는 건강이 엄청 악화되었다. 5시간 수면을 1년 이상 지속하자 갑상선 항진증이라는 질병을 얻었다. 세 번째는 성격이 상당히 예민해졌다. 중학생 때의 나는 친구와 잘 지내고 사교적인 편이었다. 하지만 성격이 감당할 수 없을 정도로 예민해졌다. 나는 잘못된 지식을 신념으로 삼은 탓에 큰 대가를 치렀다. 성적은 전혀 오르지 않았고, 신체적으로 정신적으로 엉망이 되었다.

이번 챕터에서는 잠을 줄이는 것이 얼마나 미친 짓인지 살펴볼 것이다. 잠을 줄여서 절대 성적이 오를 수 없다는 것도 보여줄 것이다. 이 책을 읽고 있는 당신은 내가 그랬던 것처럼 어리석은 결정을 하지 않았으면 좋겠다.

"Can you sleep well?"
당신은 영화나 드라마에서 이런 이미지를 본 적이 있을 것이다.
-졸린 잠을 참으며 열심히 공부하는 학생

-코피를 흘리면서 야근을 하는 직장인

당신은 이런 이미지를 떠올리면 어떤 느낌이 드는가? 잠을 참으면서까지 열심히 하는 모습이 대견스러운가?

잠을 4시간만 자면서 열심히 노력해서 뭔가를 성취했다는 스토리를 접하면 대부분의 사람들은 긍정적인 감정을 느낄 것이다. 그리고 그렇게 해야 공부를 잘할 수 있을 것이고 성공할 수 있을 것이라고 생각하기도 한다.

사람들이 잠을 줄이는 것에 대해 긍정적인 감정을 느끼게 된 데에는 미디어와 매체의 역할이 크다. 미디어와 매체에서는 잠을 참아내면서 무언가를 해낸 것을 좋게 비추기 때문이다.

당신은 '잠이 오냐?'라는 말이 무슨 의미인지 알 것이다. 직접 들어본 적이 있을 수 있고 혹은 영화나 드라마에서 접한 적이 있을 것이다. '잠이 오냐'라는 말은, 주로 해야 할 일이 많은데 잠을 충분히 자려는 사람을 질타할 때 쓰인다. 400명 중에 380등을 하는 고등학생이 있다고 가정하자. 이 학생은 성적을 너무나도 올리고 싶어한다. 그런데 이 학생이 매일 하루에 9시간씩 꼬박꼬박 잔다면, 당신은 이 학생을 어떻게 생각할 것 같은가? 대부분의 사람들은 이 학생을 보면서 '잠이 오냐?'라고 말하고 싶을 것이다.

'잠이 오냐?'라는 말은 우리나라에만 존재하는 말이다. 물론 몇몇 문화권에는 있을지 몰라도 대부분의 나라에는 '잠이 오냐?'라는 말이 존재하지 않는다. 영어권 나라의 사람들은 '잠이 오냐?'라는 말을 이해하지 못한다. 왜냐하면 그들에게 잠을 자는 것은 너무나도 당연한 것이기 때문이다. '잠이 오냐?'를 영어로 번역하면 'Can you sleep well?'이다. 그들은 이런 말을 들으면 고개를 갸우뚱하며 'Yes, I can'이라고 대답할 것이다. 그들의 문화에서는 잠을 잘 자는 것은 당연하기 때문이다.

우리나라에 '잠이 오냐?'라는 말이 존재한다는 것은 사람들이 잠을 많이 자는 것을 긍정적으로 보지 않는다는 것을 의미한다. 실제로 우리나라 사람들은 엄청 적게 잔다. 아시아태평양지역 15개국의 성인들의 수면시간을 조사한 결과 우리나라 성인의 수면시간은 6.3시간으로 15개국 중에 꼴찌를 기록했다. 미국수면재단의 성인 권장 수면시간은 7~9시간인데도 말이다.[9]

우리나라 사람들은 하루에 9시간 꼬박 자는 사람보다 하루에 6시간만 자면서 사는 사람을 더 높게 평가한다. 나는 이렇게 생각하는 것이 문제의 근원이라고 생각한다. 이 챕터에서 차차 다루겠지만, 하루에 6시간만 자면서 10시간 공부하는 사람은 하루에 9시간씩 자면서 7시간 공부하는 사람에게 질 확률이 100%다. 잠을 줄여서 그 시간에 공부를 하게 되면 오히려 공부를 더 못하게 된다. 건강 문제는 덤이다.

잠의 구조-렘수면과 비렘수면

수면 부족이 공부에 어떤 치명적인 영향을 끼치는지 알기 위해서는, 가장 먼저 수면에 대한 정의와 수면의 형태에 대해 알아야 한다. 수면은 일생 동안 함께 해야 하는 동반자이니 굳이 공부 때문이 아니더라도 이 기회에 자세히 알아두도록 하자.

9시간 동안 잠을 자면, 계속 똑같은 상태로 잠을 자고 있는 것이라 생각할 수 있다. 겉보기에는 눈을 감고 의식이 없는 그 상태가 지속되기 때문이다. 하지만 잠은 두 가지 형태가 있다. 렘수면과 비렘수면이다. 잠을 잘 때 꿈꾸는 구간이 있고 꿈꾸지 않는 구간이 있다. 꿈꾸는 잠을 렘수면, 꿈꾸지 않는 잠을 비렘수면이라고 생각하면 이해하기 쉽다.

잠은 비렘수면-렘수면, 비렘수면-렘수면, 비렘수면-렘수면이 반복되는 구조로 되어있다. 〈비렘수면-렘수면〉 한 덩어리는 90분 동안 진행된다. 360분 동안 잠을 자면, 〈비렘수면-렘수면〉 주기를 4번 겪게 되는 것이다.

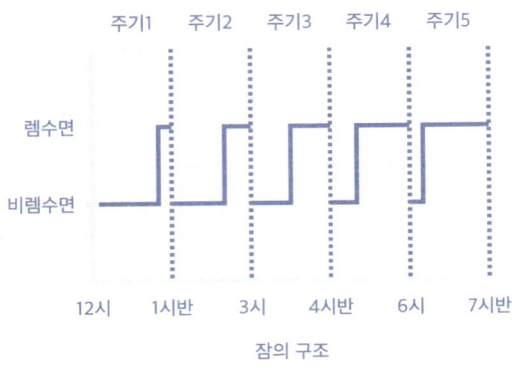

잠의 구조

우리가 밤새도록 90분마다 엎치락뒤치락하면서 비렘수면과 렘수면을 오간다는 것은 사실이지만, 각각의 90분 주기 내에서 비렘수면과 렘수면의 비율은 밤이 흐르는 동안 크게 달라진다. 위 그림의 주기 1에서 보듯이, 잠의 전반기에는 90분 주기 내에서 비렘수면이 대부분을 차지하고 렘수면의 비율은 아주 적다. 하지만 잠의 후반기로 옮겨갈수록, 이 시소의 균형점은 옮겨진다. 렘수면이 대부분을 차지하고, 비렘수면의 비율은 적어진다. 주기 5는 렘수면이 90분 중 대부분을 차지했음을 보여준다.

잠은 피로회복 그 이상의 역할을 한다

나는 하루에 5시간만 잠잘 당시에, 잠은 몸의 피로를 회복하는 수단이라고만 생각했다. 잠은 낮 동안 쌓인 정신적인, 육체적인 피로를 회복시켜주는 기능만 하는 줄 알았다. 하지만 잠은 피로회복 이상의 중요한 역할을 한다. 잠의 역할은 다음과 같다.

1. 수명을 늘린다.
2. 몸매를 더 날씬하게 유지한다.
3. 암과 치매를 예방한다.
4. 심장 마비와 뇌졸증, 당뇨병 위험을 줄여 준다.
5. 행복한 기분은 높이고 우울하고 불안한 기분은 줄여 준다.

이처럼 잠이 우리에게 주는 혜택은 많다. 하지만 이번 챕터에서 다룰 내용은 '건강'이 아니다. 철저히 공부의 관점에서 수면의 혜택을 다루고자 한다.

비렘수면의 역할:장기기억 저장

    꿈꾸지 않는 수면인 비렘수면과 꿈꾸는 수면인 렘수면은 공부에 둘 다 매우 중요하다. 먼저 비렘수면의 역할부터 살펴보자.

    기억 저장소는 크게 단기 기억 저장소(해마)와 장기 기억 저장소(신피질)로 나눌 수 있다. 단기 기억 저장소는 잠깐 동안 기억할 내용을 저장하는 저장소이고, 장기 기억 저장소는 오랫동안 기억할 내용을 저장하는 저장소이다.

    단기 기억 저장소는 용량이 한정되어 있다. 저장할 수 있는 공부의 양이 한정되어 있다. 반면 장기 기억 저장소는 용량이 거의 무한대이다. 저장할 수 있는 공부의 양이 한정되어 있지 않은 것이다.

    공부하는 내용은 먼저 단기 기억 저장소에 쌓인다. 당신이 지금 읽고 있는 이 책의 내용도 단기 기억 저장소에 저장되는 것이다. 공부하는 내용을 다음에 활용하기 위해서는 반드시 장기 기억 저장소에 저장해야 하는데, 이 작업은 공부하는 동안에 자동으로 일어나지는 않는다.

    바로 비렘수면이 공부한 내용을 장기 기억 저장소에 저장하는 역할을 한다. 비렘수면은 단기 기억 저장소에 있는 내용을 장기 기억 저장소로 옮긴다. 비렘수면을 취하는 동안 공부 내용은 옮겨진다. 그리고 옮겨진 내용은 단기 기억 저장소에서 삭제된다. 비렘수면을 푹 취하고 일어나면, 공부한 내용이 장기 기억 저장소에 저장되어 다음에 꺼내쓸 수 있게 된다.

이와 관련된 한 연구 결과를 살펴보자. 2000년대 초에 이루어진 한 연구에서는 실험 참가자들에게 자료를 학습시킨 뒤 8시간을 자게 하면서 머리에 붙인 전극으로 기록을 했다. 다음 날 아침 참가자들은 기억력 검사를 받았다. 수면의 종류와 다음 날 아침에 기억하는 자료의 양 사이의 상관관계를 조사하니, 비렘수면 쪽에 표가 돌렸다. 즉, 비렘수면을 더 취할수록, 다음 날 더 많은 정보를 기억했다.

그리고 잠들기 전과 잠잔 뒤에 그 자료 내용이 어디에서 검색되는지를 알아내기 위해 실험 참가자들의 뇌를 살펴보았다. 잠자기 전과 후에는 이 정보들이 불려오는 뇌 지점이 서로 달랐다. 잠들기 전에는 해마의 단기 기억 저장소에서 기억을 꺼냈다. 단기 기억 저장소는 새 기억이 오래 남아 있을 수 없는 취약한 곳이다. 하지만 다음 날 아침에는 상황이 전혀 달랐다. 기억은 옮겨져 있었다. 잠을 푹 자고 난 뒤, 참가자들은 이제 동일한 정보를 장기 기억 저장소인 신피질에서 가져오고 있었다.[10]

이 연구를 통해 알 수 있는 사실은 비렘수면이 단기 기억 저장소의 내용을 장기 기억 저장소로 옮긴다는 것과, 비렘수면을 많이 취할수록 다음 날 더 많은 내용을 기억하게 된다는 것이다.

잠을 덜 자서 비렘수면을 충분히 취하지 못하면 어떤 일이 일어날까? 오늘 당신이 5시간 공부하고, 그 날에 밤잠을 충분히 못 잤다고 가정하자. 잠이 부족해서 비렘수면을 충분히 취하지 못하면, 단기 기억 저장소에 저장된 공부 내용이 완벽히 장기 기억 저장소로 저장되지 못한다. 낮에 공부한 양이 100이고 잠을 푹 자면 40 정도가 장기 기억 저장소에 저장된다고 하면, 잠을 충분히 안 자면 20 정도만 장기 기억 저장소에 저장된다.

잠을 충분히 자서 40이 저장되는 것과 충분히 자지 않아서 20이 저장되는 것은 엄청난 차이다. 공부 효율이 2배 차이 나는 것이다. 하루에 10시간 피 터지게 공부하고 잠을 충분히 자지 않는 사람과 하루에 5시간 공부하고 잠을 충분히 잔 사람은 낮에 공부한 양은 두 배 차이 나지만, 그다음날 머리에 남아있는 공부의 양은 거의 똑같다. 10시간을 공부했는데 단순히 잠을 푹 자지 못했다는 이유로 5시간 공부하는 사람과 똑같은 점수를 받는다면 얼마나 억울하겠는가?

비렘수면을 충분히 취하지 않고 공부하는 것은, 깨진 항아리에 물을 담는 것과 같다. 낮에 아무리 미친 듯이 공부해도 잠을 충분히 자지 않으면 다음 날 다 까먹게 될 것이다. 이는 한글 파일에 열심히 글을 써놓고 저장 버튼을 안 누르고 파일을 꺼버리는 것과 같다.

렘수면의 역할:문제 해결

공부를 잘하는 학생들은 '문제 해결'에 관한 흥미로운 경험을 한다. 이 흥미로운 경험이란 아무리 고민해도 풀리지 않던 문제가 잠을 푹 자고 나서 다시 풀면 쉽게 풀리는 것을 말한다. 어떻게 이런 일이 가능한 것일까? 꿈에서 득도(得道)라도 한 것일까?

안 풀리던 문제를 풀리도록 마법을 부린 주인공은 바로 렘수면이다. 렘수면 상태에선 낮 동안 고민했던 내용과 머릿속에 있는 과거의 기억들이 포커 패 섞듯이 마구잡이로 조합된다. 이 과정에서 신기하게도 창의적인 해결책이 나오게 되고, 이 창의적인 해결책은 다시 기억에 저장된다.

그 상태로 아침에 일어나서 다시 문제를 풀게 되면, 기억 속에 저장되어있던 해결책이 튀어나와 안 풀리던 문제를 풀 수 있게 되는 것이다.

렘수면이 정보를 마구잡이로 조합하는 작업은, 논리적이고 체계적이지 않다. 전혀 관련 없고 멀리 떨어져 있는 기억들끼리도 조합한다. 반면, 깨어있을 때 일어나는 정보의 조합은 논리적이고 체계적이다. 관련 있는 정보들끼리만 조합한다. 이런 차이 때문에 꺠어있을 때 해결하지 못하던 문제를 렘수면이 창의적으로 해결할 수 있는 것이다.

한 연구를 살펴보자. 연구원들은 참가자들에게 실험이 시작될 때 제공되는 개별 규칙들을 써서 문제들을 풀 수 있다고 이야기했다. 하지만 연구진이 말하지 않은 것이 하나 있는데, 그것은 이 문제들에 공통적으로 적용되는 숨겨진 규칙, 즉 지름길이 있다는 사실이었다. 이 숨겨진 규칙을 알아낸다면, 훨씬 더 짧은 기간에 훨씬 더 많은 문제를 풀 수 있었다. 참가자들 중 일부는 아침에 1차로 문제를 풀고, 열두 시간 후에 저녁에 다시 문제를 풀었다. 다른 일부는 저녁에 1차로 문제를 풀고, 열두 시간 후에 아침에 다시 문제를 풀었다. 저녁에 1차로 문제를 푼 참가자들은 여덟 시간을 잤다. 열두 시간을 줄곧 깨어 있는 상태로 보낸 참가자들은 원한다면 얼마든지 문제를 곱씹을 기회가 있었음에도, 숨겨진 지름길을 찾아낼 수 있었던 비율이 겨우 20퍼센트에 불과했다. 반면 여덟 시간 밤잠을 푹 잔 참가자들은 전혀 달랐다. 거의 60퍼센트는 2차로 풀 때 숨겨진 규칙을 깨닫는 〈아하!〉 하는 순간을 접했다. 렘수면을 충분히 취하자 세 배나 더 많은 이들이 창의적인 해결책을 떠올린 것이다.[11]

렘수면은 단순히 창의적인 방식으로 정보들을 융합하는 차원을 넘어서 한 단계 더 나아갈 수 있다. 렘수면은 정보 집합으로부터 추상적인 일반 지식과 상위 개념을 창안할 수 있다. 유아가 자신이 배워야 하는 언어의 복잡한 문법 규칙을 추출하는 것도 그런 사례다. 생후 18개월 된 아기도 자신이 듣는 새 언어로부터 고도의 문법 구조를 추론한다는 것이 드러났다. 그런데 처음에 그 언어를 접하고서 잠을 잔 뒤에야만 그러했다.[12]

이렇게 렘수면은 우리에게 두 가지 혜택을 준다. 풀리지 않던 문제를 창의적으로 해결하는 것과 다양한 정보로부터 규칙을 추출하는 것. 이런 두 가지 혜택은 이해하고 구조를 파악해야 하는 과목에 특히 도움이 된다. 수학, 물리, 언어가 그 예이다. 반면, 암기 위주의 과목에는 창의적인 해결책이나 규칙을 추출할 필요성이 상대적으로 적기 때문에, 엄청나게 큰 효과를 기대하기는 어렵다.

오늘 미분이라는 수학적 개념을 처음 배웠다고 하자. 처음 공부한 것이기에 상당히 생소할 것이다. 잠은 그 생소함을 익숙함으로 바꿔준다. 렘수면을 취할 때 뇌는 낮 동안에 공부한 내용인 미분과 과거에 공부했던 내용을 연결 짓는 시간을 갖는다. 과거에 공부했던 2차 방정식과 연결해보기도 하고, 실생활과 연결 지어보기도 한다. 이런 조합 시간을 충분히 하도록 잠을 푹 자고 나면, 생소했던 미분이 어느 정도 익숙해져 있는 상태로 일어날 수 있다.

  반대로 그날 밤에 충분히 잠을 못 잤다고 가정하자. 그러면 생소함을 익숙함으로 바꾸는 시간인 렘수면을 충분히 취하지 못할 것이다. 그러면 다음 날도 마찬가지로 미분이라는 개념은 똑같이 생소할 것이다. 이해가 잘 안 될 것이다. 이 과정이 반복되면 며칠 동안 공부해도 계속 어려운 느낌을 받을 것이고, '난 바보인가?' 하면서 공부에 대한 자신감도 잃게 될 것이다. 렘수면은 이처럼 중요하다.

잠을 줄이면, 절대 공부를 잘할 수 없다

  먼저 앞서 살펴봤던 것을 정리해보자. 비렘수면이 하는 역할은 낮에 공부한 내용을 장기 기억 저장소에 저장하는 것이었다. 비렘수면을 충분히 자지 않으면 낮에 공부한 내용이 저장되지 않고 날아간다. 렘수면이 하는 역할은 창의적인 문제 해결과 규칙 추출이었다. 렘수면을 충분히 자지 않으면 수학, 물리, 언어와 같이 이해 위주의 공부를 하는 데 심각한 타격을 받는다.

여기까지 읽었다면 잠의 중요성을 충분히 이해했을 것이라고 믿는다. 하지만 잠의 중요성을 좀 더 체감할 수 있도록 한 가지 상황을 예를 들어 설명해보겠다.

A, B 두 학생이 있다. A 학생은 하루에 5시간만 자고 하루에 8시간씩 공부한다. 고등학교 시절의 나처럼 공부 시간을 늘리기 위해 수면 시간을 줄인 것이다. 반면 B 학생은 반대이다. 하루에 8시간씩 자고 하루에 5시간만 공부한다. 두 학생 모두 잠자는 시간과 공부하는 시간을 합치면 13시간이다.

A 학생:5시간 잠+8시간 공부=13시간
B 학생:8시간 잠+5시간 공부=13시간

A와 B중 누가 더 높은 성적을 받을까? A는 B보다 하루에 3시간씩 더 공부한다. 단순히 공부 시간만 고려한다면, A가 더 좋은 성적을 받아야 할 것처럼 보인다.

하지만 결과는 반대이다. B가 더 좋은 성적을 받는다. 이것은 100% 확신할 수 있다. 하루에 8시간 공부하는 A는 잠을 5시간만 자기에, 비렘수면을 충분히 취하지 못한다. 그 결과로 낮에 공부했던 내용의 많은 부분을 장기 기억 저장소에 넣지 못하고 아침에 일어나게 된다. 쉽게 말하면 공부한 내용의 상당 부분을 다음날에 까먹는 것이다. 렘수면을 충분히 취하지 못해서 응용력을 얻지 못하는 것은 덤이다.

반면 B는 공부 시간이 3시간 적지만 잠을 충분히 잔다. 비렘수면을 충분히 취해 낮에 공부한 내용의 많은 부분을 장기 기억 저장소에 저장할 수 있게 된다. 다음 날 아침에 일어나면, 전 날에 공부한 내용의 상당 부분을 기억할 수 있다. 또한 렘수면을 충분히 취해 낮에 이해하지 못한 내용들에 대해 깨달음을 얻은 채로 아침에 일어나게 될 것이다.

공부를 얼마나 많이 하느냐도 물론 중요하겠지만, 그것보다 더 중요한 건 다음날 얼마나 기억할 수 있느냐다. A가 8시간 공부해서 800의 공부량을 소화했다고 하더라도, 잠을 충분히 자지 못했기 때문에 다음날 기억하는 공부량은 200에 불과할 것이다. 반면 B는 5시간 공부해서 500의 공부량을 소화했지만, 잠을 충분히 잤기 때문에 다음날 기억하는 공부량은 200 이상일 것이다. 공부를 덜 한 B가 A를 이길 수밖에 없다.

A는 잠자는 시간을 줄여서 공부 시간을 늘렸다. 졸음을 참으며 하루 8시간 피 터지게 공부했다. 하지만 덜 공부한 B한테 진다. 이때 A는 어떤 마음이 들까? 내가 고등학교 시절에 그랬듯 좌절감을 느낄 것이다. '나는 공부 머리가 없는 편인가보다'라며 공부에 대한 자신감을 잃고 그렇게 인생을 살아갈 것이다.

반면 B는 8시간 동안 잠을 충분히 잤다. 맑은 정신을 가지고 하루 5시간 정도만 공부했다. 하지만 더 공부한 A를 이겼다. 이때 B는 어떤 마음이 들까? 공부에 자신감이 생길 것이다. '나는 공부 머리가 있나 보다'라고 생각하며 공부에 대한 흥미를 느끼며 앞으로도 공부를 꾸준히 해나갈 것이다.

당신도 선택할 수 있다. 잠을 8시간 자면서 공부를 잘하고 자신감을 얻을 것인지, 아니면 잠을 5시간 자면서 공부를 못해서 좌절감을 느낄 것인지. 이렇듯 수면 시간의 사소한 차이는 공부에 상당히 중요하다.

하루에 얼마나 자야 할까?

모두에게 적용되는 충분한 수면 시간은 존재하지 않는다. 몇 시간의 수면이 충분할지는 생활 습관, 환경, 유전자 등 다양한 요소에 따라 달라진다. 좋지 않은 식습관을 가지고 있다면 남들보다 더 자야 한다. 운동을 직업으로 하는 운동선수들은 남들보다 더 자야 한다. 이처럼 필요한 수면 시간은 개개인마다 다를 수 있다.

하지만 명확한 가이드라인이 없으면 헷갈릴 수 있으니 미국수면재단의 성인 권장 수면시간인 7~9시간을 권장한다. 그리고 그 중간인 8시간을 수면 시간의 '기준점'으로 삼기를 권한다. 8시간이 기준점이라는 것은 반드시 8시간을 자야 한다는 것은 아니다. 어떤 날은 일이 있어서 7시간을 잘 수도 있다. 또 어떤 날은 피곤해서 9시간을 잘 수도 있다. 그럼에도 불구하고 8시간을 기준점으로 삼으라고 권하는 이유는 기준점을 가지면 8시간에 가까운 시간을 자려고 노력하게 될 것이기 때문이다.

하지만 8시간 수면이 부족한 사람도 있다. 9시간 이상을 매일 자야 효율적인 학습을 할 수 있는 사람도 존재한다. 8시간 수면이 부족한지 아닌지 파악하는 방법은, 낮에 피곤함을 크게 느끼는지 확인해보는 것이다. 아침에 일어나자마자 개운함을 느끼고 하루종일 맑은 상태로 생활하는 사람은 거의 없다. 하지만 계속 하품을 하고 하루종일 피곤하다면, 수면 시간이 부족한 신호로 여겨야 한다. 이럴 경우에는 수면 시간을 9시간으로 늘리는 것이 좋다. 하루종일 피곤함을 느끼는 것이 아니라면, 8시간 수면을 그대로 유지하면 된다.

나도 하루에 8시간 수면을 기준으로 삼는다. 그렇기 때문에 수면 시간이 8시간에서 크게 벗어나지 않는다. 7시간 자는 날도 있고 9시간 자는 날도 있다. 하지만 기준점에서 너무 벗어난 6시간을 거나 10시간을 자는 날은 없다. 평균적으로 8시간을 자면, 10시간을 자기 전에 잠에서 깨어나기 때문이다.

6시간씩 10일 자면 좀비가 된다

한 연구에서는 주의력 검사를 통해서 집중력을 조사했다. 단추 상자나 컴퓨터 화면에 뜨는 불빛에 반응하여 정해진 시간 안에 단추를 누르는 검사였다. 반응 여부와 반응 시간을 둘 다 측정했다. 이 실험은 14일 동안 매일 진행됐다. 실험 참가자는 네 집단으로 나누었다. 그 중 우리가 살펴볼 것은 두 개의 집단이다. 한 집단의 실험 참가자들은 매일 여덟 시간을 잤다. 다른 한 집단의 실험 참가자들은 매일 여섯 시간을 잤다. 그렇게 14일 동안 실험을 진행했다. 매일 8시간을 잔 집단은 2주에 걸쳐 안정적이면서 거의 완벽한 반응을 유지했다. 권장 수면 시간인 7~9시간을 충분히 잤으니 당연한 결과였다. 사회적 관점에서 가장 우려되는 쪽은 하루 6시간씩 잔 집단의 사람들이었다. 많은 이들에게 친숙하게 들릴 수도 있는 상황에 놓인 이들이었다. 하루 6시간씩 자는 행동을 10일 동안 하니, 24시간 동안 잠을 안 잔 사람들에 맞먹는 수준으로 반응에 지장이 생겼다. 그리고 실험이 더 진행될수록 더 지장이 생겼다.[13]

6시간을 10일 자면, 24시간 잠을 안 잤을 때와 맞먹는 수준의 집중력 이상이 생긴다. 그리고 우리나라 성인의 평균 수면시간은 6.3시간이다. 이것이 시사하는 바는, 우리나라 대부분의 성인은 24시간 잠을 안 잤을 때의 집중력을 가지고 좀비처럼 살아간다는 것이다. 충격적인 사실이다. 이 사실을 반대로 뒤집으면, 이 챕터의 권고대로 하루 8시간 잠을 자서 좋은 집중력의 수준을 유지하는 사람은 대부분의 한국인을 이길 수 있다는 결론이 도출된다.

'나는 6시간만 자도 괜찮은데?'

이 책을 읽고 있는 당신은 '나는 6시간만 자도 괜찮은데?' 혹은 '내 친구는 6시간만 자도 괜찮던데?'라고 반박할지도 모른다.

앞서 살펴봤던 연구에서는 매일 6시간을 잔 집단은 10일째가 되니, 24시간 동안 잠을 안 잔 사람들에 맞먹는 수준으로 반응에 지장이 생겼었다. 연구진은 이 참가자들에게 자신이 얼마나 지장을 받는다고 느끼는지 주관적인 평가를 내려달라고 하자, 그들은 자신의 수행 능력 감소를 일관되게 과소평가하고 있었다. 그들은 24시간 동안 잠을 안 잔 사람들과 비슷한 집중력 저하를 경험했지만, 그들은 집중력이 크게 저하되지 않았다고 판단했다. 자신의 수행 능력 저하를 제대로 인지하지 못했다. 술에 가득 취한 상태에서 자동차 키를 움켜쥐고서 "안 취했어. 운전할 수 있어"라고 자신만만하게 말하는 사람과 마찬가지다.[14]

수면 부족 상태에 있어도 본인은 그것을 인지하지 못한다. 몇 달 또는 몇 년에 걸쳐 만성 부족 상태로 지내면, 줄어든 수행 능력에 사실상 순응하게 된다. 그리고 지쳐 있는 상태가 자신의 정상 상태라고 받아들이게 된다.

만약 당신이 '나는 6시간만 자도 괜찮은데?'라고 생각했다면, 그것은 당신이 수면 부족이라는 것을 인지하지 못하기 때문이다. 당신의 친구가 '나는 6시간만 자도 괜찮아'라고 말한다면, 그것 역시도 자신의 수면 부족 상태를 인지하지 못하기 때문이다.

수면 부족을 인지하지 못한 채로 살아간다면, 인생에 걸쳐서 계속 손해를 보는 것이다. 자신의 뇌의 잠재력을 결코 최대로 발휘하지 못한 채, 살아가는 것이다. 공부를 못하게 되는 것 역시 당연하다.

당신이나 당신의 지인이 매일 6시간 자고도 좋은 성과를 거두고 있을 수 있다. 하지만 그것이 6시간만 자도 충분하다는 주장의 근거가 될 순 없다. 8시간을 잤다면, 분명히 더 좋은 성과를 거뒀을 것이기 때문이다.

6시간을 자고도 지장 없는 희귀한 유전자

6시간만 자고도 최소한의 지장만 받는, 아주 희귀한 사람들도 있다. 굳이 이 내용을 넣는 이유는, 이런 유전자가 있다는 것을 내밀면서 6시간만 자도 충분하다고 누군가가 주장해도, 당신이 흔들리지 않기를 바라기 때문이다.

희귀한 유전자를 가진 사람들은 6시간만 자고도 크게 지장 받지 않는다. 그리고 그들은 짧은 시간을 자고도 저절로 깬다. 그리고 이런 현상은 BHLHE41이라는 유전자의 한 변이 형태와 관련이 있는 것으로 알려진다.

여기까지 읽고 나면, 자신이 바로 그런 부류라고 믿는 독자들이 있을지도 모른다. 하지만 그럴 가능성은 극히 드물다. 세계에서 아주 극소수만이 지닌 것으로 추정되며, 그런 희귀한 유전자를 가졌을 확률은 번개에 맞을 확률(1만 2,000 분의 1) 보다 훨씬 낮다.

공부할 시간이 부족한 건 잠을 자지 않아서다

이번 챕터를 읽고 있는 독자 중 일부는 목표하는 시험까지 남은 시간이 별로 없는 상황에 있을 수도 있다. 1개월 뒤에 시험인데, 공부해야 할 양이 산더미인 상황이 그렇다. 이런 경우에는 어쩔 수 없이 잠을 줄여서 공부 시간을 늘려야 하지 않겠냐고 말할 수도 있다.

하지만 이것은 엄연히 잘못된 생각이다. 시험을 잘 보는 건, 얼마나 많이 공부하느냐에 달려있지 않기 때문이다. 시험을 잘 보는 건 공부한 내용을 얼마나 기억하고 잘 응용할 수 있느냐에 달려있다. 잠을 줄여 매일 12시간씩 공부를 하지만, 공부한 내용의 대부분을 까먹고 응용할 수 없다면, 아무짝에도 쓸모없다. 반면, 잠을 푹 자고 3시간씩 공부를 해서, 공부한 내용의 대부분을 기억하고 응용할 수 있다면 목표 점수를 받을 수 있다.

 잠 자는 시간을 줄여서 그 시간에 공부를 해보겠다는 건 정말 어리석은 짓이다. 공부를 하고 있다는 뿌듯함은 느낄 수 있겠지만, 결과적으로 공부는 더 못하게 될 뿐이다. 당신이 공부하는 이유가 기분 좋기 위해서라면, 수면 시간을 줄여도 된다. 하지만 좋은 성적이 목표라면 8시간씩은 반드시 자야한다.

 공부할 시간이 부족한 건 잠을 자지 않기 때문이다. 평소에 잠을 충분히 잤다면, 공부한 내용의 많은 부분을 기억할 수 있고 응용할 수 있어서, 남은 공부 분량 자체가 적을 것이다. 당신이 어떤 상황에 처해있든 답은 하나다. 충분히 자는 것이다.

잠을 충분히 자는 것만으로도 상위 15%가 된다

마지막으로 당신에게 해주고 싶은 말은 이번 챕터를 읽은 당신은 정말 운이 좋다는 것이다. 잠의 중요성을 깨달은 당신은 앞으로 수면 시간 기준점을 8시간으로 설정할 것이고, 8시간을 잠자기 위해 노력할 것이다. 그리고 8시간 자는 것이 6시간을 자면서 공부하는 것보다 훨씬 유리하다는 사실도 알 것이다.

당신이 운이 좋다고 말한 이유는, 8시간을 자는 것만으로도 엄청나게 앞서나갈 수 있기 때문이다. 대한민국 성인의 평균 수면시간은 6.3시간이다. 이 사실은 안타깝지만, 이기적으로 생각해보면 이건 기회다. 8시간을 자는 사람은 넉넉히 잡아도 15퍼센트도 안 될 것이다. 이 수치를 반대로 해석하면, 8시간 자는 당신은 그것만으로 상위 15퍼센트에 속할 수 있다는 것이다. 단순히 잠을 푹 자는 것 치곤, 따라오는 이득이 엄청나다. 물론, 잠을 푹 잘지 안 잘지는 당신의 선택에 달려있지만 말이다.

제9장

1400%의 투자 수익을 거두는 주1회 15분 운동

전교 1등이 운동을 하는 이유

전교 1등이 운동을 하는 이유

내가 다녔던 고등학교는 남자 고등학교였다. 전형적인 남자 고등학교답게 쉬는 시간이나 점심 시간을 알리는 종이 울리면 많은 학생들이 운동장으로 뛰쳐나가 축구나 농구를 했는데, 난 3년 내내 쉬는 시간 전부를 운동장이 아닌 교실에서 보냈다. 운동장에 나가지 않은 이유는 운동에 흥미가 없던 성향도 한몫했지만, 근원적인 이유는 '운동하는 시간이 아깝다'라는 나만의 철학 때문이었다.

나는 그 믿음을 바탕으로 다음과 같은 가설을 세웠다.

친구들은 점심 시간, 쉬는 시간을 합쳐 하루에 1시간 정도 운동을 한다
↓
남들이 운동할 때 나 혼자 공부를 한다면 공부 시간을 1시간 더 확보할 수 있다.
↓
공부 시간은 성적과 비례한다고 했으니 내 성적은 오를 것이다.

지금 보면 '공부 시간과 성적은 비례한다'라는 믿음부터가 거짓인 명제였지만 그 당시엔 무조건 내가 맞을 것이라고 믿었기에 결국 3년 내내 학교뿐만 아니라 집에서도 운동을 거의 하지 않았다(물론 1챕터에서 말한 것처럼 성적은 안 올랐다).

고 3시절, 우리 반에는 줄곧 전교 1등을 하던 A라는 친구가 있었다. A를 보면서 이상하다고 느꼈던 점이 하나 있었다. A는 운동을 즐겨 했다는 점이다. 점심 시간과 쉬는 시간에 A가 운동하는 모습을 자주 볼 수

있었다. 그것도 아주 적극적으로 말이다.

나는 A에 대해 의문을 가졌다. '운동에 시간을 쓰는데 어떻게 전교 1등을 하지?' 전교 1등을 하기 위해선 운동하는 시간과 밥 먹는 시간까지 아껴서 공부해야 한다고 생각했다. 그렇게 혼자 곰곰하게 고민을 한 후에 나는 한 가지 결론을 내렸다. A는 중학교 때부터 공부를 열심히 해와서 시간적인 여유가 있다는 것이었다. 공부를 줄곧 잘 해왔기에 운동을 할 여유 시간이 있다는 것이었다.

하지만 내가 내렸던 결론은 틀렸다. A는 운동을 열심히 했기에 전교 1등을 굳건히 지킬 수 있었던 것이다. 운동을 하지 않았다면 1등을 하지 못했을 수도 있다. 그때 당시에 A가 운동이 공부에 도움이 되는 것을 알고 했는지 아니면 취미로 했는지는 잘 모르겠다. 내 개인적인 추측으로는 A는 운동의 이점에 대해 경험적으로 알고 있지 않았을까 싶다.

물론 운동을 한다고 A처럼 전교 1등을 할 수 있는 것은 아니다. 전교 10등도 보장할 수 없다. 하지만 분명한 건 운동을 하면 지금 성적보다는 더 잘 받을 수 있다는 것이다. 50등이라면 40등이 될 수 있고, 40등이라면 30등이 될 수 있다.

이번 챕터에서는 공부의 관점에서 운동의 중요성과 운동으로 좋은 성적을 거두게 된 사례, 그리고 공부를 위한 적절한 운동법 등에 대해 이야기하고자 한다. 철저히 공부의 관점에서의 운동을 살펴볼 것이다. 뒤에서 다루겠지만 흥미로운 이야기를 한가지 미리 이야기하자면, 운동은 일주일에 한 번 15분씩만 해도 공부 효율을 17%를 증가시킨다.

운동의 진짜 이점은 '뇌'에 있다

흔히 접할 수 있는 운동의 이점은 다음과 같다.

---

1. 심장을 건강하게 만들어 심혈관계 질환을 예방한다.
2. 체중이 감소한다.
3. 근육이 증가한다.
4. 당뇨병을 예방할 수 있다.

위에서 언급한 네 가지 외에도 운동의 이점은 수없이 댈 수 있다.

그런데 운동의 이점이라고 하는 대부분의 것들은 '몸'을 위한 것임을 알 수 있다. 심장을 건강하게 하는 것은 몸을 위한 것이고, 체중 감소, 근육 증가, 당뇨병 예방 등 모두 '몸'을 위한 이점이다.

하지만 운동의 진짜 이점은 '뇌'에 있다. 운동은 몸을 건강하게 만들어주는 것뿐만 아니라 '뇌'도 건강하게 만들어준다. 더 나아가 뇌를 발달시켜 학습을 돕고 결과적으로 공부를 더 잘하게 만들어준다.

'몸'을 쓰는 운동은 '뇌'를 좋게 만들어준다. 약간 이상하지 않은가? 몸을 움직이는데 왜 뇌가 발달하는 것일까? 이에 관련된 재미있는 이야기를 하나 소개하고자 한다.

멍게는 자신의 뇌를 먹어 치운다

멍게라는 동물은 뇌가 없다. 정확히 말하면 뇌를 갖고 태어나지만, 어느 순간 자신의 뇌를 먹어 치운다. 왜 멀쩡한 자기 뇌를 먹어 치우는지 알아보기 전에 멍게의 생애에 대해 알아보자.

멍게의 생애는 크게 두 시기로 나눌 수 있다.

1) 바닷속을 헤엄쳐 다니는 시기
2) 바위에 정착해서 살아가는 시기

멍게는 바다 속을 헤엄쳐 다니는 첫 번째 시기를 거쳐 비로소 바위에 정착해서 남은 생애를 살아가는 두 번째 시기를 거친다.

헤엄쳐 다니는 첫 번째 시기에는 멍게는 뇌를 가지고 있다. 그 이유는 무엇일까? '움직임'을 위해 뇌가 필요하기 때문이다. 바다 속을 헤엄쳐 다니는 동안에는 포식자를 피하고 먹이를 찾아다녀야 하는데, 이런 움직임을 보이기 위해서는 뇌가 필요하다.

특정 시기에 이르면 멍게는 바위에 찰싹 달라붙는다. 이렇게 바위에 달라붙은 멍게는 남은 일생을 바위에서 보낸다. 이렇게 더 이상 움직임이 필요 없어지면, 멍게는 기이한 짓을 한다. 움직임을 위해 존재하던 자신의 '뇌'를 먹어버리는 것이다.

멍게에게 있어서 '뇌'는 움직임을 위한 도구일 뿐이다. 헤엄쳐 다니는 움직임이 필요한 시기에는 뇌가 필요했지만, 바위에 정착해 움직임이 없이 살아가는 시기에는 뇌는 에너지만 낭비하는 불필요한 기관이 되어버린다. 그래서 자신의 뇌를 영양분 삼아 먹어버린다.

복잡한 동물인 인간과 단순 동물인 멍게는 구조적으로 큰 차이가 있지만, 뇌와 움직임의 관점에서 보면 크게 다르지 않다. 인간의 뇌는 복잡한 사고와 추론을 할 수 있지만, 기본적으로는 움직임을 위해 존재한다. 신경과학자 다니엘 울퍼트(Daniel Wolpert)는 뇌가 존재하는 이유는 단 하나, 움직이기 위해서라고 말한다. 인간이 이토록 커다란 뇌를 갖게 된 이유는 인간이 생존하기 위해 복잡하고 다양한 움직임이 필요했기 때문이다.

움직임이 필요 없어진 멍게가 자신의 뇌를 먹어 치우듯이, 인간의 뇌도 비슷한 행위를 한다. 움직임(운동)이 없어지거나 어느 수준 이하로 떨어지면, 불필요한 기관으로 취급받은 뇌는 크기가 작아지고 오그라든다. 이렇게 뇌가 작아지면, 학습 전반에 문제가 생긴다. 학습 속도가 느려지고 기억력도 떨어진다.

멍게 이야기를 통해서 한 가지는 기억하길 바란다. '운동을 하지 않으면 뇌가 작아진다.'

운동을 통해 성적을 올린 사례: 네이퍼빌 센트럴 고등학교

운동을 통해 공부 성과를 올린 두 가지 사례를 살펴보자. 첫 번째는 네이퍼빌 센트럴 고등학교의 사례이다. 미국 일리노이 주의 네이퍼빌 센트럴 고등학교는 0교시 체육 수업이라고 불리는 특별한 체육 수업을 운영한다. 1교시가 시작하기 전에 실시되기 때문에 0교시 체육 수업이라고 불린다. 0교시 체육 수업은 학생들을 전국에서 가장 건강한 아이들로 게다가 학업성적 또한 뛰어난 아이들로 만들었다.

네이퍼빌 센트럴 고등학교의 한 체육 선생님은 이렇게 말했다. "0교시 수업의 목적은 격렬한 운동을 통해서 학생들의 뇌를 학습에 적합한 상태로 만드는 것입니다. 학생들의 뇌를 깨어 있는 상태로 만들어서 교실로 들여보내는 것이지요."[15]

0교시 체육 수업은 하나의 체육 교육 실험이었다. 해당 실험의 목적은 정규 수업 전에 실시하는 운동이 학습 능력에 도움이 되는지 확인하는 것이었다. 이 실험은 일부의 학생들만 참가했다.

0교시 체육 수업에 참가한 학생들은 0교시 아침 운동을 통해 수업에서 훨씬 뛰어난 학습 능력을 발휘했다. 학기 말에 그들의 독해력과 이해력은 학기 초에 비해 17퍼센트나 향상했다.

이런 실험 결과가 얼마나 깊은 인상을 주었던지 0교시 체육은 아예 '수업 준비를 위한 체육 수업'이라는 정규 수업에 포함되었다.

네이퍼빌 센트럴 고등학교 학생들의 학업 성취도는 일리노이 주에서 항상 10위 안에 든다. 일부 사람들은 센트럴 고등학교 학생들에게 쓰이는 사교육비가 커서 학업 성취도가 좋다고 생각하지만, 센트럴 고등학교 학생들에게 들인 사교육비는 일리노이 주의 다른 우수한 학교와 비교해볼 때 현저히 적다. 네이퍼빌 센트럴 고등학교는 '0교시 체육 수업'으로 사교육비를 뛰어넘어 좋은 학업 성취도를 이뤄냈다. 운동이 학습,

성적에 도움이 된다는 것을 보여주는 좋은 사례이다.

운동을 통해 성적을 올린 사례: 펜실베이니아 타이터스빌 학군

운동을 통해 공부 성과를 올린 두 번째 사례는 펜실베이니아 타이터스빌 학군이다. 펜실베이니아 타이터스빌 학군에 팀 맥코드라는 교사가 있었다. 그 교사는 첫 번째 사례인 네이퍼빌 식의 체육 수업에 영감을 받아, 거의 하룻밤 사이에 타이터스빌의 체육 수업을 완전히 뜯어고쳤다.

이 새로운 체육 수업이 도입된 이래, 예전에는 주 평균에도 못 미치던 타이터스빌 학생들의 학력평가시험 점수가 읽기에서는 17퍼센트 수학에서는 18퍼센트나 주 평균보다 높게 나왔다. 실로 경이로운 실력 향상이었다. 그뿐만이 아니다. 맥코드는 이 프로그램이 심리사회적으로도 중요한 결과를 가져왔다는 사실을 알게 되었다. 2000년 이후 550명의 중학생들 사이에서 주먹다짐이 단 한 건도 발생하지 않았던 것이다. 이런 놀라운 성공 사례가 알려지면서 주의회 대의원들의 방문이 쇄도했으며, 심지어 질병통제센터 총재까지 학교를 방문했다.[16]

운동을 안 하는 건 엄청난 손해다

네이퍼빌 센트럴 고등학교와 펜실베이니아 타이터스빌 학군의 사례는 모두 운동이 학습 능력에 도움이 됨을 보여준다. 각각의 사례에서 모두 학습력을 17% 이상 높였음을 보여준다.

학습 능력 17% 증가가 크게 와닿지는 않는가? 하루에 6시간 공부하는 A, B 두 학생이 있다고 가정하자. 두 학생은 지적 수준과 공부하는 과목 모두 똑같다. 둘의 차이는 오직 운동의 유무다. A는 운동을 하는 반면 B는 운동을 하지 않는다.

A는 운동을 하기 때문에 학습력이 17% 증가한다. 공부 시간인 6시간의 17%는 약 1시간이다. A는 운동을 함으로써 7시간의 공부 효과를 낳는다. A와 B는 똑같이 6시간 공부를 하지만, A는 B보다 매일 1시간씩 공부를 더 하는 셈이 된다. 지금 당장은 1시간이 큰 차이가 없어 보이겠지만, 1년이 지나면 365시간의 차이가 나고, 3년이 지나면 약 1000시간의 차이가 난다.

이 1시간의 차이는 무시할만한 것이 아니다. 많은 학생들은 1시간이라도 더 공부하기 위해 잠을 줄이곤 한다. 하지만 운동을 하면 그럴 필요가 없어진다. 6시간 공부로 7시간의 공부 효과를 낼 수 있기 때문이다.

뒤에서 자세히 다루겠지만, 학습력 17% 증가를 위해서 매일 1시간씩 운동할 필요도 없다. 주 1~2회 15분씩만 운동해도 그 효과를 누릴 수 있기 때문이다. 주 2회를 운동해도 30분밖에 안 된다. 일주일에 30분 운동으로 7시간의 추가 공부 효과를 얻을 수 있다면 운동을 안 할 이유가 없다. 1400%의 투자 수익을 거두는 것이기 때문이다.

운동의 목적은 뇌 구조 개선이다

운동과 뇌의 메커니즘을 다룬 책 〈운동화 신은 뇌〉의 저자는 말한다.

"운동은 흔히 몸을 단련하고 신체 건강을 위한 것으로 여겨진다. 하지만 운동을 하면 근육이 발달하고 심장의 기능이 개선되고 예방할 수 있는 것은 부산물에 불과하다. 운동을 하는 진정한 목적은 뇌 구조를 개선하는 것이다."

사람마다 운동의 목적이 다를 수 있다. 운동 선수는 운동의 목적이 직업 그 자체일 것이고, 어떤 사람에게는 운동의 목적이 근육을 키우기 위함일 것이고, 또 어떤 사람에게는 운동의 목적이 취미일 것이다.

하지만 공부를 더 잘하기 위한 관점에서의 운동의 진정한 목적은 뇌를 발달시키는 것이다. 운동은 뇌 구조를 물리적으로 개선한다. 학습은 뇌에서 일어나는 과정이기 때문에 뇌가 개선되면 학습 능력도 마찬가지로 개선된다. 공부하는 내용을 받아들이는 속도가 빨라지고, 공부한 내용을 더 잘 기억할 수 있고, 그 내용을 응용하는 능력 또한 개선된다. 전반적인 학습 능력이 업그레이드된다.

운동은 세 가지 방식으로 학습자에게 도움을 준다.

1. 뇌에 원활하게 에너지 공급을 할 수 있다
2. 공부하는 내용을 기억에 빠르게 저장할 수 있다
3. 새로운 뇌세포를 생성할 수 있다

세 가지 이점을 하나하나 살펴보자.

운동의 이점 1. 뇌에 원활하게 에너지 공급을 할 수 있다

운동을 하고 나면 기분이 상쾌해지는 것을 경험해본 적이 있을 것이다. 운동을 하면 기분이 좋아지는 것은 뇌가 최적화되었기 때문이다. 뇌가 에너지 공급을 원활하게 받기 때문이다.

운동을 하면 근육에 에너지를 빠르게 공급하기 위해 혈관은 확장되고 심장은 빠르고 세게 뛴다. 이런 신체적 변화가 일어나면 근육은 혈액에 포함된 에너지를 빠르게 공급받아서 힘을 쓸 수 있게 된다.

운동을 할 때는 대부분의 혈액이 근육으로 향한다. 근육이 많은 양의 에너지를 필요로 하기 때문이다. 반면, 뇌로 가는 혈액은 줄어든다. 근육 에너지 공급이 우선시 되기 때문이다. 이렇게 운동할 때는, 확장된 혈관과 빠르게 뛰는 심장으로부터 오는 에너지 공급 증가의 혜택을 근육이 받는다.

운동을 할 때, 혈액이 흐르는 속도가 빨라져서 에너지 공급이 증가한다고 했는데, 이 효과는 운동을 끝낸 후에도 몇 시간 동안 지속된다. 하지만 운동을 끝내면 근육은 더 이상 에너지를 많이 공급받을 필요가 없어진다. 그러면 늘어난 에너지 공급의 혜택은 근육이 아닌 누가 받게 될까? 바로 '뇌'다.

운동을 끝내고 나서 기분이 좋아지는 이유 중 하나는 뇌로 유입되는 혈액의 양이 증가하는 것에 있다. 뇌로 유입되는 혈액의 양이 증가하면 뇌세포들은 에너지를 더 많이 공급받게 된다. 뇌 에너지가 충분해지는 것이다. 이렇게 뇌 에너지가 충분해지면 상쾌한 기분을 느끼게 된다.

운동 후에 풍부한 에너지를 가진 뇌는 학습할 준비가 된다. 집중력, 이해력, 독해력 등 뇌와 관련된 모든 능력이 전반적으로 향상된다. 똑같은 시간을 공부하더라도 더 많은 양을 소화할 수 있게 된다. 6시간에 끝낼 수 있는 공부량을 5시간 만에 끝낼 수 있게 된다.

운동을 통한 뇌 최적화 효과를 잘 활용하는 방법 중 하나는, 어려운 과목을 공부하기 전에 운동하는 것이다. 어려운 과목은 머리를 많이 써야 해서 많은 뇌 에너지를 필요로 한다. 이런 과목을 공부하기 전에 운동을 하면, 증가된 뇌 에너지로 비교적 쉽게 공부할 수 있을 것이다.

운동의 이점 2. 공부하는 내용을 기억에 빠르게 저장할 수 있다

운동의 두 번째 이점을 알기 위해서는 먼저 뇌에 관한 배경 지식이 필요하다. 어려울 수 있지만 최대한 쉽게 설명해보겠다. 우리의 뇌 속에는 약 860억 개의 세포가 존재한다. 뇌에 존재하는 세포는 뇌세포 또는 신경세포라고 불린다.

우리가 과거에 공부했던 것 혹은 경험했던 것, 즉 기억들은 어디에 저장될까? 기억은 신경세포(=뇌세포)에 저장된다고 생각할 수 있지만, 그렇지 않다. 기억은 신경세포 사이의 '연결'에 저장된다. 뇌에는 860억 개의 신경세포가 존재하는데, 이들은 고립되어 있지 않고, 서로 연결되어 있다. 신경세포 간의 연결은 '시냅스'라고 불린다. 쉽게 설명하기 위해서 어려운 용어는 배제하고 그냥 '연결'이라고 부르겠다. 어쨌든 기억은 이 '연결'에 저장된다. 당신이 공부했던 것도 마찬가지이다.

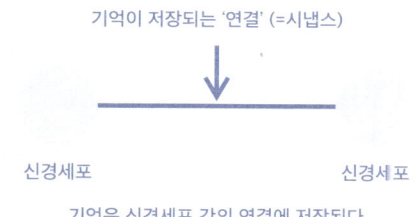

기억은 신경세포 간의 연결에 저장된다

오늘 새로운 내용을 공부한다면, 그것을 저장하기 위해서 먼저 '연결'이 생성된다. 연결이 생성되어야 그 연결에 정보를 저장할 수 있기 때문이다. 영어 단어를 외운다면, 신경세포 연결이 생성도고, 그 연결 안에 영어 단어가 저장되는 방식이다.

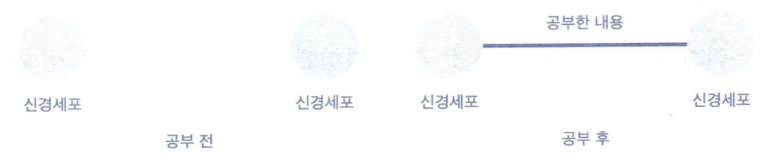

공부하면 그 내용은 새로 생성된 연결에 저장된다

　살면서 공부를 많이 해온 사람의 뇌와 그렇지 않은 사람의 뇌는 어떤 차이를 보일까? 공부를 많이 해왔다고 해서 반드시 더 많은 뇌세포를 가지고 있는 것은 아니다. 두 사람의 차이는 신경세포 간의 연결의 수에 있다. 공부는 새로운 연결을 생성하기 때문에 공부를 많이 해온 사람은 연결을 더 많이 가지고 있다. 이런 사람의 뇌를 살펴보면 거미줄처럼 연결이 많이 형성되어 있을 것이다.

공부를 많이 해오지 않은 뇌 VS 공부를 많이 해온 뇌

기억은 신경세포 간의 '연결'에 저장된다는 것을 살펴봤다. 이것이 운동과 무슨 관련이 있기에 이렇게 자세히 설명한 것일까?
　운동은 신경세포 간의 연결을 생성한다. 공부를 하면 연결이 생성되는 것과 마찬가지로, 운동을 해도 연결이 생성된다. 운동을 해서 연결이 생성된 상태에서 공부를 하면, 공부하는 내용을 쉽게 기억에 저장할 수 있게 된다. 운동이 기억을 저장할 공간을 확보하고, 공부가 그 공간을 채워넣는 것이다. 쉽게 말하면 운동을 하고 나면 공부하는 내용을 바로바로 기억으로 저장할 수 있다는 것이다.

우리의 뇌에는 BDNF(뇌유래신경영양인자)라는 단백질이 있다(용어가 어렵다면 무시하고 읽어도 된다). BDNF는 기억을 저장하는 공간인 신경세포 간의 연결을 생성하는 데 중요한 역할을 하는 단백질인데, 운동은 이 BDNF를 증가시키는 역할을 한다. 즉, 운동을 하면 BDNF 증가돼서 신경세포 간의 연결이 생성되는 것이다. 이렇게 연결이 생성되어 있으면, 공부하는 내용을 빠르게 기억으로 저장할 수 있다.

2007년 실제로 독일 학자들이 사람을 대상으로 실시한 연구 결과에 따르면, 운동을 하면 어휘 학습 속도가 운동 전에 비해 20퍼센트나 빨라지며 학습 속도는 BDNF 수치와 비례한다고 한다.[17]

이처럼 운동은 BDNF를 증가시켜 학습을 용이하게 해준다. BDNF가 어렵다면 잊어도 된다. 운동이 신경세포 간의 연결을 생성해서, 공부하는 내용을 빠르게 저장할 수 있도록 도와준다는 사실만 기억하면 된다.

운동의 이점 3. 새로운 뇌세포를 생성할 수 있다

성장을 마치고 성인이 되면, 신경세포(뇌세포)의 숫자는 변하지 않는다는 것이 20세기 전반에 걸친 학계의 정설이었다. 신경세포 간의 연결은 운동과 학습으로 생성될 수 있으나, 신경세포의 숫자는 나이가 들수록 점점 줄어들 뿐이라고 생각한 것이다.

그러나 이런 학계의 정설은 틀린 것으로 밝혀졌다. 과학자들은 신경세포를 자세히 들여다볼 수 있는 첨단 영상기구를 사용해서야 신경세포가 생성된다는 결정적인 증거를 찾아냈다. 그것도 수천 개씩 다시 생겨났다는 것을 밝혀냈다. 그리고 그 결과는 1998년에 학술 논문으로 발표되었다.

신경세포를 생성하는 방법은 여러 가지가 있지만, 그중 가장 효과가 큰 것은 운동이다. 운동하면 신경세포가 대량으로 생성된다. 10대이든 30대이든 백발노인이든 운동을 하면 뇌세포의 개수를 늘릴 수 있는 것이다.

그런데 운동이 뇌세포를 생성한다면, 운동 선수들은 모두 똑똑해야 하지 않을까? 반드시 그렇지는 않다. 두 가지 이유가 있다. 첫 번째 이유는 신경세포의 개수가 똑똑함을 보장해주지는 않는다는 것이다. 앞서 살펴봤듯이 학습 내용은 신경세포 간의 '연결'에 저장된다. 운동을 자주 해서 신경세포가 많이 생성되면 더 많은 연결을 생성할 수 있겠지만, 학습을 하지 않는다면 아무런 소용이 없다. 두 번째 이유는 생성된 신경세포의 대부분은 자기 역할을 찾아내지 못하고 죽는다는 것이다. 신경세포는 처음 생성될 때에 아무런 기능이 없는 줄기세포에 불과하며, 발달 과정을 거치면서 자기 역할을 찾아낸다. 자기 역할을 찾는 데 도움을 주는 것이 바로 학습이다. 운동을 통해 아무리 많은 신경세포를 생성해도, 공부하지 않는다면 결국 소멸하고 만다. 이런 두 가지 이유로, 운동을 많이 하는 모든 운동 선수들이 반드시 똑똑하다고는 할 수 없다. 똑똑해지기 위해서는 반드시 학습이 필요하다.

운동으로 생성된 신경세포의 혜택을 보려면, 학습을 해야 한다. 학습을 통해 새로 생겨난 신경세포에게 역할을 찾아주면, 그 신경세포는 살아남아서 열심히 일하는 뇌의 구성원이 될 수 있다. 이렇게 신경세포의 총 개수가 늘어나면, 생성할 수 있는 연결의 개수 역시 늘어나기 때문에 학습에 도움이 된다.

운동은 뇌를 똑똑하게 만든다

지금까지 학습의 관점에서 운동이 주는 세 가지 이점을 살펴봤다.

---

1. 뇌가 에너지 공급을 원활하게 받을 수 있다
2. 공부하는 내용을 기억에 빠르게 저장할 수 있다
3. 새로운 뇌세포를 생성할 수 있다

꼭 운동을 시작하길 바란다. 혹은 이미 운동을 하고 있다면, 공부할 시간을 내기 위해 운동을 그만두는 어리석은 결정을 하지 않기를 바란다. 그리고 운동할 땐 저 세 가지 이점을 기억하며 뇌가 똑똑해지고 있음을 느끼기 바란다.

주 2회 15분으로 충분하다

앞서 우리는 운동을 하면 학습 효율이 17퍼센트 증가한다는 연구 결과들을 살펴봤다. 이런 효과를 얻기 위해서는 얼마나 자주 운동해야 할까? 1시간 운동해야 할까? 매일 운동해야 할까?

학습 효율을 높이기 위한 운동은 주 1~2회 각각 15분씩만 해도 충분하다. 15분씩만 운동해도 학습 효율 17퍼센트 증가의 혜택을 누릴 수 있다. 매일 15분씩이 아니다. 일주일에 한두 번이다. 주 15~30분만 운동하면 된다.

2007년에 실시된 한 연구에서는 전력 질주를 3분만 했음에도 불구하고 BDNF 분비가 증가해 기억력이 20퍼센트 좋아졌다는 결과가 나왔다.[18] 주 1~2회 3분만 참고 전력 질주를 하면 20퍼센트의 공부 효율이 높아지는 것이다.

또한 베스트셀러 <최강의 식사> 저자 데이브 아스프리는 가장 좋은 운동 횟수는 '월 4회'라고 한다.[19] 또한 매일 달리는 것보다 '주 1회 달리기'가 효과적이고 하며,[20] '20분 이상' 운동하면 오히려 해롭다고 말한다.[21]

<과학적인 근력운동과 보디빌딩(Body by Science)>의 저자 더그 맥거프(Doug McGuff) 박사는 근력 운동을 일주일에서 열흘에 한 번씩만 하라고 권한다. 그의 연구에 따르면 자주 하는 것보다 훨씬 효과적이며 시간도 절약된다.

이처럼 학습을 위한 운동 효과는 꼭 매일 해야 얻는 것이 아니다. 주

1~2회 15분으로도 충분하다.

운동을 하면 매년 312만 원을 공짜로 얻는다

주 30분으로 얻는 17%의 학습 효율 증가를 체감해보자. 하루에 6시간 공부하는 학생이 있다고 가정하자. 이 학생은 주 2회 15분씩 운동한다. 일주일에 30분이다. 운동으로 인해 17% 증가한 학습 능력으로 6시간을 공부하면, 6*1.17=7.02시간을 공부한 것이 된다. 하루에 1시간을 추가로 얻는 것이다. 매주 7시간을 추가로 얻는 것이다. 이 학생은 주 30분을 운동하지만, 주 7시간을 추가로 얻는다. 운동을 함으로써 이득을 보는 시간을 계산하면 일주일에 6시간 30분이다.

일주일에 6시간 30분을 따로 확보하기란 쉽지 않은 일이다. 이 시간을 한 달로 환산하면 26시간이고, 1년으로 환산하면 312시간이다. 312시간이면 새로운 자격증을 하나 딸 수 있다. 매년 새로운 자격증 하나가 손에 쥐어져 있는 것이다. 대학생이라면 추후에 취직을 잘할 수 있을 것이고, 직장인이라면 연봉을 올려 받거나 더 좋은 곳으로 이직할 수 있을 것이다. 또한 312시간은 관심 있는 분야의 전문 도서 10권을 읽을 수 있는 시간이다. 그렇게 4년 동안 40권을 읽고 나면 그 분야에 대한 강연을 할 수 있을 정도의 준전문가가 되어 있을 것이다.

312시간으로 시급 만 원의 아르바이트를 하더라도, 1년에 312만 원의 추가 수익을 얻을 수 있다. 또한 312시간을 노는 데 사용할 수도 있다.

가족과 친구와 함께 시간을 보내거나 취미 활동에 쓸 수도 있다.

　운동의 효과를 과장하는 것으로 들리는가? 그렇지 않다. 17%의 힘은 이렇게 대단하다. 단순히 주 30분 운동으로 우리가 얻을 수 있는 것은 어마어마하다. 운동하지 않을 이유가 없다.

과도한 운동은 공부를 망친다

　뇌를 위한 운동을 할 때 주의할 점은 무리하지 않는 것이다. 우리의 목적은 매일 운동해서 몸을 키우는 것이 아니라, 주 1~2회 15분씩 꾸준하게 운동하는 것을 습관으로 만드는 것이다. 어떤 행위를 습관으로 만들기 위해서는 그 행위가 의지력을 소모해서는 안 된다. 의지력을 소모하는 행위는 장기간 지속하는 것이 어렵기 때문이다. 운동도 마찬가지다. 운동을 습관으로 만들기 위해선 운동을 하는 데 의지력을 소모해선 안 된다.

　매일 1시간씩 헬스장에서 운동을 하는 것을 목표로 삼았다고 가정하자. 운동이 습관이 아닌 사람이라면 매일 1시간 운동하는 것은 힘든 일이다. 물론 처음 며칠 동안은 운동을 잘 하겠지만, 일주일만 지나도 오늘은 헬스장에 갈지 말지 고민하는 날들이 잦아질 것이다. 헬스장에 갈지말지 고민하다가 가겠다고 '결심'하는 행위 그 자체는 의지력을 소모한다. 어떤 것을 결심하고 선택하는 것은 상당한 의지력을 소모한다. 약간이라도 피곤하고 의지력이 떨어지는 날은, 헬스장에 가지 않게 될 것이다. 결국 그렇게 운동을 거르는 날이 점차 늘어나다 보면, 결국 운동을 포기하게 된다.

이번 챕터를 읽고 운동을 해야겠다는 의지가 차오른다면, 마음을 조금 가라앉히길 바란다. 운동을 습관으로 만들기 위해서는 의지력을 소모하지 않는 선까지만 해야 한다. 이 선은 사람마다 다를 수 있다. 운동을 꾸준히 해온 사람은 매일 30분씩 달리는 것이 의지력을 소모하지 않을 것이다. 반면, 운동을 즐겨 하지 않거나 운동을 꾸준히 해오지 않은 사람은 매일 10분씩 가볍게 달리는 것도 엄청난 의지력을 소모할 수 있다. 중요한 것은 자신의 의지력을 소모하지 않는 선까지만 하는 것이다. 주 2회 팔굽혀펴기 20개 하는 것이 힘들고 의지력을 소모하는 일인가? 그렇다면 줄이는 것이 좋다. 10개 하는 것은 어떤가? 의지력이 필요 없는가? 그렇다면 10개를 하면 된다. 10개 하는 것도 힘들다면, 5개만 하면 된다.

중요한 건 운동을 하는 것이다. 많은 뇌과학자들은 말한다. "조금이라도 운동을 하면 도움이 됩니다." 운동을 5분만 해도 학습 효율 증가 효과는 일주일 내내 일어난다. 주 2회 팔굽혀펴기 5개로는 17퍼센트의 학습 효율 증가를 못 이룰 순 있어도, 10퍼센트 정도는 이룰 수 있을 것이다. 처음에는 의지력을 쓰지 않는 강도의 운동을 해야 한다. 그렇게 운동을 하다 보면 그것이 습관이 되어서 자동으로 10개 20개 30개 하고 있는 자신의 모습을 볼 수 있을 것이다.

공부법 컨설팅을 하다 보면 종종 접하는 케이스의 고객이 있다. 공부를 하는 수험생인데 매일 1~2시간씩 운동을 한다는 것이다. 그것도 사이클이나 달리기 같은 고강도로 말이다. 물론 어렸을 때부터 1~2시간씩 운동을 해온 사람이라면 공부에 지장이 없겠지만, 그렇지 않던 사람들이 고강도로 장시간 운동을 하면 문제가 생긴다. 운동은 신체적 에너지뿐만 아니라 뇌 에너지인 '의지력'도 소모하기 때문이다.

장거리 달리기로 예를 들어보자. 장거리 달리기를 해본 사람이라면 알겠지만, 달리다 보면 힘들어서 중간에 포기하고 싶어진다. 이럴 때 포기하지 않고 지속하기로 결심해버리면 뇌 에너지인 '의지력'을 소모해버리게 된다. 이게 반복되면 하루에 사용할 수 있는 의지력을 모두 소모해버린다.

고강도 운동으로 의지력을 모두 써버리면 더 이상 공부에 쓸 의지력이 남아있지 않게 된다. 공부도 역시 마찬가지로 의지력을 사용하는 행위이다. 공부 효율을 높이겠다고 하루에 1~2시간씩 운동을 하면, 되려 의지력이 바닥나 공부할 수 없는 상태가 된다. 뇌를 위한 운동이라면 매일 하루에 1~2시간씩 하는 것은 적절하지 못하다. 역효과가 난다.

정리하면, 과도한 운동은 2가지 면에서 공부에 도움이 되지 않는다. 첫 번째는 과도한 운동은 습관으로 자리 잡지 못하게 된다. 어떤 행위가 습관이 되려면 의지력을 소모하지 않는, 결심이 필요하지 않은 수준까지만 해야 한다. 두 번째는 과도한 운동은 공부에 사용되어야 할 의지력을 모두 소모해버린다는 것이다. 공부를 하는 행위에 의지력이라는 에너지가 필요한데, 과도한 운동은 이 의지력을 다 써버리게 된다. 이런 두 가지 점 때문에 과도한 운동은 되려 공부에 방해가 된다. 운동을 습관으로 만들고 싶다면, 의지력을 소모하지 않는 선에서 운동을 시작하길 바란다. 다시 한번 강조하지만 주 1~2회 15분만으로도 충분히 학습 효율을 높일 수 있다.

최고의 운동 'HIIT'

사실 어떤 운동을 하든 그것은 필연적으로 학습에 도움이 된다. 팔굽혀펴기, 윗몸일으키기, 달리기, 자전거타기, 요가, 춤추기, 배드민턴, 철봉 등 모든 운동은 학습에 도움이 된다. 각자 선호하는 운동을 하면 된다.

하지만 어떤 운동을 하느냐에 따라 뇌에 끼치는 영향은 다르다는 사실 정도는 알아두도록 하자. 뇌를 더 활성화시키는 운동이 있는 반면, 상대적으로 덜 활성화시키는 운동이 있다. 어떤 운동을 하더라도 충분한 효과를 볼 수 있지만, 어떤 운동이 최고인지 궁금해할 독자가 있을 수도 있기에 운동의 종류와 효과를 살펴보고자 한다.

운동에는 다양한 종류가 있지만 뇌에 영향을 끼치는 관점에서 크게 세 가지로 분류할 수 있다.

1) 유산소 운동

2) 근력 운동

3) HIIT

유산소 운동과 근력 운동은 우리에게 친숙한 운동이다. 유산소 운동은 편안한 호흡을 지속하면서 할 수 있는 운동으로 조깅, 자전거, 등산, 수영 등이 있다. 근력 운동은 말그래도 근력을 단련하는 운동으로 팔굽혀펴기, 철봉, 헬스 등이 있다.

생소할지도 모르는 HIIT는 고강도 인터벌 트레이닝(High-Intensity Interval Training)의 약자로, 높은 강도의 운동 사이에 휴식을 넣어 반복하는 운동 방법이다. 30초 고강도-2분 휴식-30초 고강도-2분 휴식 이런 방식이다.

HIIT는 수백 미터를 달릴 공간만 있으면 할 수 있다. 전속력으로 달리기만 하면 된다. 30초 달리고 90초 쉰 다음, 다시 30초 달리고 90초 쉰다. 이런 식으로 6~9분 동안 달리고 쉬고를 반복하는 것이다. 달릴 공간이 없다면, 실내 자전거로도 할 수 있다. 30초 페달을 밟고 90초 쉰 다음, 다시 30초 페달을 밟고 90초 쉰다. 이런 식으로 6~9분 동안 달리고 쉬고를 반복하면 된다.

유산소 운동, 근력 운동, HIIT 중에 학습 능력에 가장 도움이 되는 것은 HIIT다. 유산소 운동과 근력 운동으로부터 오는 이점을 모두 가져다주기 때문이다. 30분 동안 계속 달리는 유산소 운동보다 6분 HIIT로 달리는 것이 덜 힘들 뿐만 아니라 학습 효율을 더 높인다.

30초　90초　30초　90초　30초　90초

나는 실내 자전거를 이용해서 주 1회 6분씩 HIIT를 하고 있다. 사용하는 실내 자전거는 운동강도조절이 가능한데 가장 힘든 단계로 설정한 상태에서 30초 동안 미친 듯이 달리기 90초 휴식을 반복한다. HIIT에서 효과를 제대로 얻기 위해선 짧은 시간 내에 심장이 터질 듯이 달려야 하기 때문이다.

이렇게 운동-휴식 세트를 세 번 진행한다. 한 세트가 120초이니까 3세트면 360초, 딱 6분이다. 보기엔 쉬워 보이지만 막상 HIIT를 하면, 숨이 차오르고 허벅지가 찢어질 것 같은 고통을 느낄 것이다. 4세트, 5세트 이상을 하면 염라대왕이 보인다. 염라대왕이 보임에도 불구하고 포기하지 않고 운동을 지속하게 되면 이 순간부턴 공부할 때 써야 하는 '의지력'이 소모된다. 이것이 바로 내가 주 1회 6분에서 더 욕심내어 운동을 하지 않는 이유다.

학습 효율을 높이는 최고의 운동인 HIIT를 강조했지만, HIIT를 할 환경이 구축되어 있지 않을 수 있다. 그런 경우에는 굳이 HIIT를 고집하지 않아도 된다. 유산소 운동이든 근력 운동이든 어떤 것을 해도 학습 효율을 충분히 높일 수 있기 때문이다. 쉽게 할 수 있는 운동으로 시작하길 바란다.

주 7회 운동이 주 2회 운동보다 쉽다

아마존 베스트셀러 〈더 시스템〉 저자 스콧 애덤스는 말한다.

"어떤 행위를 습관으로 만드는 과정에서 가장 안 좋은 방법은 그 일을 하는 날과 하지 않는 날을 따로 정해두는 것이다. 운동은 하루도 거르지 않아야 습관이 된다. 격일로 운동을 하면 결코 습관으로 만들어지지 않는다. 이런 방식은 '오늘은 운동을 안 해도 되는 날이야'라는 생각이 들게 만든다."[22]

학습 효율을 높이기 위한 운동은 주 1~2회 15분씩이면 충분하다고 반복해서 강조했다. 하지만 운동을 습관으로 만들기 위해서는 운동 초반에는 주 7회 운동하는 것이 좋다. 주 1~2회 운동하는 것보다 주 7회 운동하는 것이 더 쉽기 때문이다. 주 7회가 더 쉬운 데에는 두 가지 이유가 있다.

첫 번째 이유는 주 1~2회 운동을 하면 운동하는 날과 운동하지 않는 날을 결정해야 하기 때문이다. 어떤 것을 결정하는 일에는 상당한 뇌 에너지가 소모된다. 월요일, 목요일 주 2회 운동하기로 결정했다고 하자. 그런데 다음주 목요일에 여행을 계획해둬서 운동을 못하게 된다면, 2회는 어떻게 채울 것인가? 다른 요일로 바꿔야 할까? 다른 요일로 바꾼다면 금요일에 할까, 토요일에 할까? 아니면 그냥 주 1회만 할까? 아니면 여행가는 날 저녁에 숙소에서 팔굽혀펴기를 하는 것으로 대체할까? 이처럼 주 몇 회 운동을 하겠다고 하면, 생각이 많아지고 여러 가지 결정을 해야 한다. 운동하는 것이 귀찮아질 뿐만 아니라 공부에도 방해가 된다.

두 번째 이유는 운동을 미루게 되기 때문이다. 월요일, 목요일 주 2회 운동하기로 결정했어도, 운동해야 하는 당일에 운동을 미루고 싶은 욕구가 생길 수 있다. '주 2회만 운동하면 되니까 오늘 말고 다른 날에 해도 되지 않을까?'와 같은 자기합리화를 하는 순간이 반드시 생긴다. 이 순간에는 '그냥 오늘 운동한다'와 '다른 날에 운동한다' 두 가지 선택지가 있는데, 어떤 선택을 하든 문제가 된다. 쉬고 싶은 충동을 누르고 운동한다는 결심을 하면, 이 결정에 의해 '의지력'이 소모된다. 공부에 쓸 의지력을 낭비하게 되는 셈이다. 다른 날에 운동하기로 결정해도 마찬가지로 문제다. 이렇게 미루다 보면 계속 미루게 되고, 결국 운동을 포기하게 되기 때문이다. 이러한 두 가지 이유로 주 1~2회 운동은 쓸데없이 뇌 에너지와 의지력만 소모하고, 운동을 포기하게 만든다.

주 1~2회 운동보다는 오히려 주 7회 운동이 습관으로 만들기 더 쉽다. 주 7회 운동은 운동하는 날과 운동하지 않는 날을 결정할 필요가 없다. 그냥 매일 하는 것이기 때문이다. 또한, 운동을 덜 미루게 된다. 주 1~2회면 굳이 오늘 안 하고 내일 해도 된다는 이상한 논리가 떠오르지만 주 7회는 그냥 매일 해야 해서 다른 생각이 안 들기 때문이다.

주 7회로 일단 습관을 만드는 것이 중요하다. 주 7회 15분씩 매일 운동하다 보면, 금방 운동하는 것이 습관이 될 것이다. 습관이 형성되면, 운동하는 것이 의지력을 전혀 소모하지 않게 된다.

사람은 일상의 43퍼센트를 습관으로 움직인다고 한다.[23] 그냥 자동으로 되는 것이다. 이렇게 주 7회로 습관을 형성하고 나서, 필요에 따라 주 1~2회로 줄이면 된다.

물론 주 7회 운동을 목표로 한다고 해서 주 7회를 꼬박꼬박 채워야 한다는 것은 아니다. 주 7회를 '기준'으로 삼으라는 것이다. 주 2회 운동을 '기준'으로 삼는다고 해서 반드시 2회씩 하게 되는 것은 아니다. 주 1회하는 주도 있을 것이고, 주 3회 하는 주도 있을 것이다. 마찬가지로 주 7회를 기준으로 삼으면, 주 5회, 주 6회 하는 주도 있을 것이다. 몸이 안 좋거나 컨디션이 안 좋은 날은 쉬는 것이 당연하다.

주 7회를 반드시 채워야 한다는 강박관념을 갖지 말아야 한다. 운동을 하기 힘든 날인데도 강박관념을 갖고 운동을 하느냐 의지력을 소모하면, 마찬가지로 운동을 지속할 수 없게 된다. 다음 날 하기 싫어진다. 다시 한번 강조하지만 주 7회는 '기준'이다. 반드시 지켜야 하는 규칙이 아니다.

나는 주 7회 운동하는 것을 기준으로 삼고 꾸준히 운동하고 있다. 하지만, 평균적으로는 주 5~6회 운동하고 있다. 운동을 못하는 날이 필연적으로 주 1~2회는 생기기 때문이다.

최근 일주일 간 운동 기록

	월	화	수	목	금	토	일
운동 종류	딥스 5세트 풀업 5세트	스쿼트 4세트	HIIT 3세트	×	풀업 5세트	스쿼트 4세트	×
소요 시간	25분	10분	6분	×	15분	10분	×

사정이 있어서 운동을 못하는 날에 자신을 자책하면 안 된다. 하루 이틀 못한 것에 좌절하지 말아야 한다. 꾸준히 하는 방향성이 중요한 것이기 때문이다.

운동할 시간이 없는 이유는 운동하지 않기 때문이다

어려울 수 있는 내용이 있는 이번 챕터를 여기까지 읽은 똑똑한 독자라면, 공부에 운동이 얼마나 중요한지 인지했을 거라 믿는다. 그럼에도 불구하고 나는 한 번 더 강조하고 싶다. 적게 공부하면서도 공부를 잘하고 싶은 사람이라면, 반드시 운동을 해야 한다.

공부법 컨설팅을 진행하다 보면 앞으로 공부할 게 많아서 운동할 시간이 없다고 이야기하는 사람들이 있다. 그럴 때마다 나는 이렇게 이야기한다.

"운동할 시간이 없는 이유는, 바로 운동을 하지 않기 때문입니다. 운동을 하면 뇌가 활성화돼서, 운동을 하지 않을 때보다 똑같은 시간 동안 더 많은 공부량을 소화할 수 있어요. 시간을 내서 운동을 하면, 공부량을 더 짧은 시간에 소화할 수 있을 것이고, 결과적으로 여유 시간이 생길 겁니다."

　운동을 하면 학습 효율이 증가해서 오랜 시간 공부하지 않아도 공부를 빠르게 끝낼 수 있다. 운동을 하면 되려 여유 시간이 생기는 것이다. 지금 운동할 시간이 없다면, 운동을 해야 한다. 운동을 하면 여유 시간이 생길 것이다.

　운동을 안 할 이유는 없다. 주 15~30분만으로 얻을 수 있는 혜택이 너무 많다. 평소에 운동을 안 한다면 오늘 당장 시작하길 바란다.

제10장

스트레스는 이롭다!

2시간 만에 인생을 변화시킬 스트레스 이야기

스트레스는 좋다 vs 스트레스는 나쁘다

이번 챕터는 다음 두 개의 퀴즈와 함께 시작해보자. 답을 곰곰이 생각해 보자.

퀴즈 1. 다음 보기 중 어떤 사람이 가장 건강하게 장수할까?

1. 스트레스를 거의 안 받고 사는 사람
2. 스트레스를 많이 받고 스트레스를 나쁘다고 여기는 사람
3. 스트레스를 많이 받지만 스트레스를 나쁘지 않다고 여기는 사람

퀴즈 2. 다음 보기 중 어떤 사람이 시험에서 가장 좋은 성과를 거둘까?

1. 시험 볼 때 스트레스를 느끼지 않는 사람
2. 시험 볼 때 스트레스를 느끼지만 긴장을 가라앉히기 위해 심호흡을 하는 사람
3. 시험 볼 때 스트레스를 느끼지만 그런 긴장이 이로울 수 있다고 여기는 사람

두 퀴즈는 모두 스트레스와 관련된 문제이다. 정답을 잘 골랐는가? 정답은 모두 3번이다. 대부분의 사람들은 1번을 답으로 선택하지만, 눈치가 빠른 당신은 이 챕터의 제목을 보고 3번을 잘 골랐을지도 모른다. 퀴즈에 대해서는 이후에 설명하겠다.

이번 챕터에서는 스트레스가 이롭다는 것을 살펴볼 것이다. 스트레스를 받으면 시험을 더 잘 보게 되고, 발표도 더 잘하게 되는 것을 살펴볼 것이다. 이번 챕터의 내용은 공부뿐만 아니라 인생을 살아가는 데 있

어서 큰 도움이 될 것이다.

스트레스는 해롭다?

'스트레스'에 대한 사람들의 인식은 어떨까? 2014년 로버트 우드 존슨 재단과 하버드대 보건대학원이 실시한 연구에서 미국인의 85퍼센트는 스트레스가 건강과 가정생활, 비즈니스까지 전반적인 영역에서 부정적인 영향을 미친다는 데 동의했다.[24]

굳이 연구 결과를 보지 않더라도 스트레스에 대한 부정적인 인식은 일상에서 충분히 느낄 수 있다. "아 스트레스 받아!"라고 외치는 학생이나 직장인들을 보고 있자면 스트레스는 가능한 피하는 게 상책인 것처럼 느껴지고, 포털 검색창이나 유튜브에 스트레스를 검색하면. '스트레스 해소법', '스트레스 두통', '스트레스 푸는 법' 등의 자동 완성 키워드가 많이 보이니 스트레스는 무조건 없애야 하는 존재로 보인다.

사실 당신이 이 책을 구매한 이유도 '공부로 인한 스트레스를 줄이기 위해서'라는 이유도 어느 정도 작용했을 거다(그런 이유 때문이라면 정말 잘 구매했다). 하지만 이 챕터의 제목인 '스트레스는 이롭다!'처럼 스트레스는 우리에게 해롭기는커녕, 공부에 도움을 주는 존재이다. 오히려 스트레스를 가까이해야 한다.

그런데 그렇게 스트레스가 좋은 것이라면, 도대체 왜 스트레스가 해로운 것이라는 인식이 널리 퍼져 있는 것일까? 스트레스가 해롭다는 누

제10장 **231**

명을 쓰게 된 배경을 먼저 알아보자.

스트레스가 해롭다는 누명을 쓰게 된 배경

스트레스가 안 좋다는 인식이 자리잡게 된 것은, 스트레스의 할아버지라고 불리우는 헝가리의 내분비학자 한스 셀리에의 연구 결과로부터 시작된다.

한스 셀리에는 한 가지 연구를 진행하고 있었는데, 특이한 점을 하나 발견하게 되었다. 그가 진행한 실험은 소의 호르몬을 실험쥐에게 주사하고 결과를 지켜보는 것이었다. 처음에 암소의 난소에서 추출한 호르몬을 실험쥐에게 주입했는데, 실험쥐들이 질병에 걸려 건강이 안 좋아졌다. 한스 셀리에는 이것이 난소의 호르몬 탓이라고 생각해, 다른 부위에서 추출한 호르몬을 실험쥐에게 주입해봤다. 결과는 이전과 똑같았다. 어떤 부위에서 호르몬을 추출하든 실험쥐는 질병에 걸리는 것이었다.

마침내 한스 셀리에의 머리에는 한 가지 깨달음이 스쳐갔다. 실험쥐가 질병에 걸렸던 것은 주사된 호르몬 탓이 아닌, 실험 환경 때문이었던 것이다. 실험쥐가 처했던 환경은 다음과 같았다. 지나친 열기나 냉기에 노출되기, 휴식 시간 없이 운동 강요당하기, 깜짝놀랄 정도의 소음 듣기, 척수의 일부 부위 절단 등. 그러자 48시간 안에 쥐들은 극심한 건강 악화를 보이고 금방 죽었다.

한스 셀리에는 한 가지 결론을 내렸다. '실험쥐가 질병에 걸린 것은 좋지 않은 환경들 때문이다.' 그리고 이런 '좋지 않은 환경들'을 '스트레스'라고 정의했다. 이때 스트레스라는 개념이 처음 탄생했다.

한스 셀리에는 실험쥐로부터 나온 스트레스라는 개념을 인간에게도 적용하기 시작했다. 별다른 이유 없이 질병에 걸린 사람들의 원인을 스트레스라고 정의하기 시작한 것이다.

그런데 한스 셀리에가 인간에게 적용한 스트레스라는 개념은 한 가지 문제점이 있었다. 본래 실험쥐에게서 나온 '스트레스'라는 개념은 생존, 죽음과 관련된 것이었다. 지나친 열기, 깜짝놀랄 정도의 소음, 척수 절단 등과 같은 생존에 위협되는 요소들을 스트레스라고 정의했던 것이었다. 하지만 이를 인간에게 적용하면서 범위를 확장하기 시작했다. 생존에 위협되지 않은 것들도 스트레스라고 정의한 것이다. 직장 생활에서 받는 압박, 취업에 대한 부담감, 부모 자식간의 사소한 충돌, 발표하기 전의 긴장감, 성과에 대한 압박 등을 모두 스트레스라고 정의한 것이다.

게다가 셀리에가 실험쥐에서 인간으로 개념을 확장한 것은 실험이 아니라 추론을 통해서였다. 척수 절단과 같은 생존에 위협되는 환경은 건강을 악화시키는 스트레스가 맞다. 이는 실험을 통해서 밝혀진 내용이다. 하지만 일상생활에서 느끼는 불편함과 압박과 같은 스트레스도 건강을 악화시킨다는 것은 한스 셀리에의 '의견'이었을 뿐이었다. 한스 셀리에는 본인의 의견을 사실로 여겼다. 이는 물론 현대에서 그렇지 않은 것으로 밝혀졌다.

한스 셀리에는 일상 속에서 받는 스트레스가 건강에 해롭다는 '의견'을 전세계에 알리기 위해 남은 생애를 바쳤다. 그는 프랑스, 독일, 이탈리아를 비롯해 세계를 여행하며 다른 의사들과 과학자들에게 그가 정의한 스트레스에 대해 알렸다. 그렇게 해서 스트레스의 아버지로 명성을 떨쳤고 열 번이나 노벨상 후보로 지명됐다.

한스 셀리에는 연구 도중 연구 지원금을 받은 적도 있었다. 바로 담배 업계로부터였다. 그는 스트레스가 인간의 건강에 미치는 유해한 영향에 관한 논문을 쓰라는 자금을 지원받았다.[25]

담배 업계의 지시로 그는 미국 의회에 나가 흡연이 스트레스의 유해한 영향을 예방할 수 있는 좋은 방법이라고 증언하기도 했다.

한스 셀리에가 세상에 남긴 것은 스트레스가 유해하다는 믿음이다. 그렇다면 셀리에의 생각은 완전히 틀렸을까? 꼭 그런 것은 아니다. 실험쥐가 받은 생존에 위협되는 스트레스와 같은 종류의 스트레스를 받은 사람이라면 당연히 건강에 악영향을 받을 것이다. 극심한 스트레스가 건강에 악영향을 미칠 수 있다는 과학적 증거는 이미 충분하다.

하지만 한스 셀리에는 스트레스의 적용 범위를 너무 광범위하게 정의해 극심한 스트레스 말고도 인간에게 일어날 수 있는 거의 모든 일들을 포함시켰다. 직장 스트레스, 취업 스트레스, 시험 스트레스 대인관계 스트레스, 발표 스트레스 등이 그것이다.

이후 한스 셀리에도 일상의 스트레스를 받는다고 해서 늘 질병에 걸리지는 않는다는 사실을 인정했다. 그리고 해로운 스트레스와 바람직한 스트레스에 대해 이야기했다. 스트레스의 이미지를 개선하기 위해 노력하면서 1970년대의 한 인터뷰에서는 이렇게 말한 적도 있다.[26]

"스트레스는 항상 존재합니다. 그렇기 때문에 명심해야 할 중요한 한 가지는 스트레스가 자신에게는 물론 타인에게도 반드시 유용하도록 만드는 것입니다."

한스 셀리에가 뒤늦게 인정했지만, 이미 너무 늦었다. 사람들은 스트레스가 해로운 것이고 줄여야 한다는 믿음을 이미 철저히 받아들인 뒤였다. 그리고 그 믿음은 미국뿐만 아니고 우리나라에도 받아들여졌다.

이렇듯 스트레스가 해롭다는 인식은 한스 셀리어의 논리적 비약에서 시작됐고, 이런 논리적 비약은 현대에 와서 잘못됐음이 밝혀졌다. 물론 생존을 위협받을 때 발생하는 스트레스는 건강에 해를 끼친다. 이런 극심한 스트레스와 일상의 스트레스를 구분지을 수 있어야 한다. 하지만 현대의 생활 속에서는 맹수를 만나는 등의 생존을 위협하는 극심한 스트레스를 받는 일은 거의 없기 때문에, 일상에서 자주 사용되는 용어인 '스트레스'는 해롭지 않다고 간주해도 무관하다.

스트레스가 해롭다는 '믿음'이 해롭다

이번 챕터의 초반부에서 봤던 첫 번째 퀴즈를 다시 한번 보자.

퀴즈 1. 다음 보기 중 어떤 사람이 가장 건강하게 장수할까?

1. 스트레스를 거의 안 받고 사는 사람
2. 스트레스를 많이 받고 스트레스를 나쁘다고 여기는 사람
3. 스트레스를 많이 받지만 스트레스를 나쁘지 않다고 여기는 사람

스트레스가 해롭다는 일반적인 인식에 의하면, 스트레스를 안 받는 1번이 가장 건강하게 장수해야 할 것이다. 하지만 정답은 3번이다. 스트레스를 많이 받지만 그것을 나쁘지 않다고 여기는 사람이 가장 건강하게 장수한다. 건강하게 장수하고 싶다면 오히려 스트레스를 받아야 한다.

2번은 세 가지 유형의 사람 중에서 가장 질병에 잘 걸리고, 빨리 죽을 것이다. 세 유형을 건강하고 장수하는 순으로 나열하면 3번, 1번, 2번이다.

2번과 3번을 비교해보면 약간의 이상한 점을 발견할 수 있다. 2번과 3번의 공통점은 둘 다 스트레스를 받았다는 것이다. 그런데 한쪽은 제일 건강하고 한쪽은 제일 건강하지 않다. 여기서 도출할 수 있는 사실은 스트레스를 받았다는 것은 건강에 긍정적인 영향을 끼칠 수도 있고, 부정적인 영향을 끼칠 수도 있다는 것이다.

2번과 3번의 차이점은 스트레스의 정도에 있지 않다. 이 둘의 차이는 스트레스를 어떻게 '인식하느냐'에 있다. 가장 아픈 2번은 스트레스를 나쁘다고 '믿었고', 가장 건강한 3번은 스트레스를 나쁘지 않다고 '믿었다'. 결과는 어땠는가? 그들이 믿는 그대로였다.

이와 관련된 한 가지 연구를 살펴보자. 1998년 어떤 한 연구에서 미국 성인 3만 명에게 "작년 한 해 동안 경험한 스트레스가 얼마나 컸는지" 물었다. "스트레스가 건강에 해롭다고 믿는가"라는 질문도 함께 제시했다. 8년 뒤 연구원들은 3만 명의 참가자들 가운데 사망자를 알아내기 위해 공식 기록을 살살이 뒤졌다. 나쁜 소식부터 전하자면 스트레스 수치가 높은 사람들은 사망 위험이 43퍼센트 증가했다. 그런데 중요한 건 스트레스가 건강에 해롭다고 '믿었던' 사람들만 사망 위험이 증가했다는 사실이었다. 스트레스가 건강에 해롭지 않다고 '믿었던' 사람들에게는 사망 위험이 전혀 증가하지 않았다.[27]

스트레스는 건강에 해롭지 않다. 스트레스가 해롭다는 '믿음'이 건강에 해로운 것이다. 당신이 얼마나 많은 스트레스를 받던 스트레스가 해롭지 않다고 믿으면, 아무런 부정적인 영향을 받지 않을 것이다. 반면, 해롭다고 믿으면 부정적인 영향을 받을 것이다. 스트레스가 해롭다고 믿을지 해롭지 않다고 믿을지는 당신의 선택에 달려있다.

스트레스의 믿음은 건강뿐만 아니라 공부에도 적용된다. 이번 챕터의 초반부에서 봤던 두 번째 퀴즈를 다시 보자.

퀴즈 2. 다음 보기 중 어떤 사람이 시험에서 가장 좋은 성과를 거둘까?

1. 시험 볼 때 스트레스를 느끼지 않는 사람
2. 시험 볼 때 스트레스를 느끼지만 긴장을 가라앉히기 위해 심호흡을 하는 사람
3. 시험 볼 때 스트레스를 느끼지만 그런 긴장이 이로울 수 있다고 여기는 사람

스트레스는 해롭다는 일반적인 인식에 의하면, 스트레스를 안 받는 1번이 최고의 성적을 거둘 것이다. 하지만 정답은 3번이다. 시험 스트레스를 느끼지만 그 스트레스가 나쁘지 않다고 여기는 사람이 최고의 성적을 거둔다.

스트레스를 해로운 것이라고 믿으면 실제로 해로운 것처럼, 스트레스를 이로운 것이라고 '믿으면' 실제로 스트레스는 이롭게 작용한다. 스트레스를 해로운 것이라고 믿으면 그 믿음이 시험을 망칠 것이고, 스트레스를 이로운 것이라고 믿으면 그 믿음이 시험을 잘 보도록 도와줄 것이다.

제일 낮은 성적을 거두는 사람은 시험 볼 때 긴장되지만 심호흡을 하는 사람 2번이다. 긴장되면 심호흡을 하는 것에는, 시험 스트레스는 해로운 것이라는 전제가 깔려있기 때문이다. 그리고 그러한 믿음이 해롭게 작용하기 때문에 2번은 시험을 망칠 수밖에 없다.

시험 스트레스를 해롭다고 인식할지 아니면 이롭다고 인식할지 선택하는 것도 역시 당신의 몫이다. 우리는 일상에서 매일 스트레스를 받는다. 매일 마주하는 스트레스를 해롭다고 인식하면, 인생에 걸쳐서 그 믿음은 당신에게 피해를 줄 것이다. 반면 이롭다고 인식하면, 인생에 걸쳐

서 그 믿음은 당신에게 이득을 가져다줄 것이다. 어떻게 믿느냐에 따라 시험 성적은 물론이고 건강, 인간관계 모든 면에서 승패가 결정될 것이다.

〈믿음이 결과에 영향을 미치는 극단적인 사례〉

한 사형수를 대상으로 믿음에 대한 실험을 한 외국의 연구 결과가 있다. 실험자는 그 사형수의 눈을 눈가리개로 가리고 온몸을 의자에 단단히 결박시켰다. 그다음 사형수에게 '지금부터 당신의 목에 한 방울씩 혈액이 흐르게 하여 온몸의 피를 모두 빼 버리는 방법으로 사형 집행을 하겠다'라고 알렸다.

그리고 실험자는 그 사형수 목에 침 끝으로 피가 안 나올 정도로 아주 조그만 상처를 낸 후 마치 피가 흘러내리는 것처럼 느껴지도록 그의 목에 물을 떨어뜨렸다. 그리고 그 물이 바닥에 한 방울씩 소리 내며 떨어지는 장치를 해 놓았다. 조금 후 실험자는 사형수에게 '이제 당신은 몸에 있는 혈액이 대부분 빠져나갔다'라고 하자 그 말을 사실로 믿은 사형수는 그만 사망해 버렸다고 한다. 믿음은 이렇게 놀라운 것이다.

출처:미래한국 Weekly(http://www.futurekorea.co.kr)

스트레스는 에너지를 공급해준다

앞서 살펴봤듯이 스트레스를 이롭다고 인식하면 건강해지고 시험도 잘 볼 수 있다. 그럼 이제 스트레스를 이롭다고 믿는 것이 어떤 메커니즘을 통해 우리에게 혜택을 가져다주는지 살펴보자. 내용이 약간 어려울 수 있지만 쉽게 설명해보겠다. 이 내용을 이해하고 나면 스트레스를 이롭다고 믿는 데 도움이 될 것이다.

　당신이 인생을 결정지을만한 중요한 시험을 치르기 10분 전인 상황에 있다고 상상해보자. 혹은 대강당에서 200명의 청중을 앞에 두고 하는 발표를 시작하기 10분 전인 상황에 있다고 상상해보자. 엄청난 압박감을 느껴 긴장할 것이다. 스트레스를 받을 것이다.

　이렇게 스트레스를 받으면 몸에서는 신체적 변화가 일어난다. 다양한 호르몬과 신경전달물질이 분비되어서, 호흡은 가빠지고 심장은 빨리뛴다. 스트레스를 받으면 호흡이 가빠지고 심장이 빨리 뛰는 이유는 무엇일까? 그 이유는 당신을 괴롭히려는 게 아니라, 온몸의 세포에 에너지를 빠르게 공급해서 지금 처한 상황에 잘 대처하기 위함이다. 호흡이 가빠지는 것은 온몸의 세포에 산소 공급을 빨리 하기 위함이고, 심장이 빠르게 뛰는 것은 온몸에 혈액을 빠르게 보내서 에너지를 전달하기 위함이다. 이렇게 호흡이 가빠지고 심장이 빨리 뛰면 근육은 에너지를 잘 공급받아 빠르게 많은 힘을 낼 수 있게 된다. 뇌도 마찬가지로 에너지를 잘 공급받아 정보를 빠르게 처리할 수 있게 된다.

　스트레스를 받으면 일어나는 신체적 변화는 주어진 상황을 잘 대처하기 위함이다. 인생을 결정짓는 중요한 시험을 볼 때 긴장되는 것은 뇌에 에너지 공급을 원활하게 해서 문제를 더 빠르고 정확하게 풀기 위함이다. 200명 앞에서 발표를 할 때 긴장되는 것도 뇌에 에너지 공급을 원활하게 해줘서 준비한 내용을 더 잘 기억하고, 위기 상황이 오면 더 잘 대처하도록 하기 위함이다. 스트레스에 의한 신체적 변화는 당신의 시험과 발표를 망치기 위해 나타나는 것이 아니다. 당신을 도와주기 위해 나타나는 것이다. 이런데도 아직 스트레스가 나빠 보이는가?

스트레스가 해롭다고 믿을 때 발생하는 신체적 변화

앞서 살펴봤듯이 스트레스를 받으면 심장이 빨리 뛰는 이유는 온몸에 혈액을 빠르게 보내서 에너지를 전달하기 위함이었다. 이 때 혈액이 빠르게 전달되기 위해서는 혈관이 넓어져야 할까 좁아져야 할까? (혈관은 혈액이 흐르는 통로이다) 혈액이 빠르게 전달되기 위해서는 혈관이 확장되어야 한다. 많은 교통량을 감당하기 위해서 차선이 많아야 하는 것처럼, 빨라진 혈액순환을 감당하기 위해서는 혈관도 확장되어야 한다.

스트레스가 해롭다는 '믿음'이 해롭다고 했던 것 기억나는가? 그 메커니즘의 중심에는 혈관이 있다. 스트레스를 해롭다고 인식하면 확장되어야 할 혈관은 오히려 축소되어 버린다. 교통량이 증가했는데 차선을 줄여버리는 미친 짓을 하는 것이다. 심장이 빠르게 뛰면 그에 맞춰 혈관이 확장되어야 한다. 하지만 스트레스를 해롭다고 인식해서 혈관이 축소되면, 혈압이 엄청나게 높아지고 결과적으로 심장에 무리를 준다. 이런 과정이 반복되면 심혈관계 질환에 걸리게 되는 것이다. 이것이 바로 스트레스가 해롭다는 믿음이 해롭게 작용하는 원리이다.

반면 스트레스가 해롭지 않다고 믿으면, 혈관은 힘껏 확장된다. 미친 듯이 뛰는 심장에 맞게 혈관이 넓어진 것이다. 혈관이 충분히 넓어졌기 때문에 혈압은 크게 높아지지 않고 결과적으로 심장에 무리를 주지도 않는다. 뇌와 근육에 에너지를 빠르게 공급받는 이득만 챙길 수 있는 것이다.

혈관이 축소될지 확장될지는 우리의 믿음에 달려있다. 스트레스를 해롭다고 믿으면 혈관이 축소되어 부정적인 영향을 받을 것이고, 스트레스를 해롭지 않다고 믿으면 혈관이 확장되어 부정적인 영향 없이 이점만 누릴 수 있다.

스트레스 활용법:시험 볼 때

앞서 우리는 스트레스를 이롭다고 인식하면 실제로 그 믿음이 신체적 변화를 일으켜 성과에 도움을 준다는 것을 살펴보았다. 이제는 실제 상황을 가정해서 스트레스를 활용하는 방법을 살펴보자. 첫 번째 예시는 시험을 볼 때이다.

시험을 볼 때는 누구나 긴장하기 마련이다. 더군다나 앞으로의 인생을 결정짓는 중요한 시험이라면 엄청나게 긴장할 것이다. 호흡이 가빠지고 심장이 빨리 뛰고 손에 땀도 찰 것이다. 이렇게 긴장될 땐 어떻게 마인드 컨트롤을 해야 할까?

최악의 행동은 마음을 진정시키려는 것이다. 마음을 진정시키려는 행위의 대표적인 것은 "긴장하지 말자. 차분하게 시험을 보자."라고 자신에게 말하는 것이나 심호흡을 하는 것이다. 이런 행동의 기저에는 스트레스는 시험에 해로우니 없애야 한다는 믿음이 깔려 있다. 마음을 진정시키려는 행위는 마음을 진정시키지 못할 뿐만 아니라 스트레스를 해롭다고 믿어 시험을 망치게 할 뿐이다.

마음을 진정시키려 하지 말고 스트레스를 이용하려 해야 한다. '심장이 열심히 뛰고 있네. 빨리 뛰는 심장 덕분에 뇌에 에너지를 빠르게 공급받아서 문제를 더 빠르고 정확하게 풀 수 있겠다.' 이렇게 스트레스를 이롭게 인식하면, 이로운 신체적 변화가 일어나서 좋은 성적을 거둘 수 있다.

실제로 한 연구에서도 스트레스는 시험 성적에 부정적인 영향을 끼치지 않으며 오히려 좋은 성적이 나오도록 도울 수 있다고 한다. 시험을 보는 동안 긴장하는 사람들이 더 나은 성적을 거두기도 한다는 것이다.[28]

또 다른 연구에 의하면 마음을 진정시키는 편이 분명히 도움이 되는 상황에서조차 긴장을 느껴야 압박감 속에서도 더 좋은 성과를 올릴 수 있다고 한다. 예를 들어 시험 기간에 긴장하면 분비되는 아드레날린이 급격히 늘어난 학생들은 비교적 차분한 학생들에 비해서 좋은 성과를 거뒀다. 긴장하면 긴장할수록 더 좋은 성과를 거둔다는 것이다.[29]

시험 당일 너무나도 긴장돼서 진정이 안 된다면, 진정시키지 마라. 스트레스가 당신을 도와주려고 손을 뻗고 있는데 왜 그 손을 뿌리치려고 하는가? 긴장된다면 더 긴장해라. 긴장하면 긴장할수록 더 좋은 성과를 거둘 수 있다.

스트레스 활용법:발표 할 때

나는 많은 사람들 앞에서 이야기하는 것을 선천적으로 두려워한다. 사람들 앞에서 발표하는 것은 물론, 새로운 사람들을 만나는 소모임 같은 곳에서도 긴장한다.

최근에 어떤 독서 모임을 참가한 적이 있었다. 오랫동안 진행되어왔던 독서 모임인데, 나는 첫 참여였다. 6명으로 구성된 작은 모임이었다. 소규모로 진행됨에도 불구하고 나는 독서 모임에 가기 전부터 가슴이 두근거렸다. 자기 소개를 하는 동안에도 심장은 계속 쿵쾅거렸고, 참여한 독서 모임의 첫 날이 끝날 때쯤에야 긴장이 풀리고 편안해졌다.

어렸을 때는 이런 기질이 더 심했다. 학교에서 발표하는 시간이 있었는데, 얼굴이 빨개진 상태로 1분 동안 가만히 서있다가 자리에 돌아온 적도 있다. 수줍음의 끝판왕이었다.

대학교 때는 이런 두려움을 극복하기 위해 노력했다. 프레젠테이션 발표 동아리에 가입해서 활동하고, 그다음 학기에는 회장을 맡기도 했다. 그리고 조별 과제에 발표가 있으면, 의도적으로 발표는 내가 맡아서 하려고 했다. 이런 노력을 통해 많은 사람들 앞에서 긴장하는 선천적인 기질을 어느 정도는 변화시켰지만, 크게 달라지진 않았다.

과거와 마찬가지로 지금도 많은 사람들 앞에서 이야기하는 시간이 있으면 긴장된다. 하지만 지금은 그 긴장을 이로운 것이라고 인식하고 있다. 이런 자리에서 긴장을 할 때마다 나 자신에게 말하곤 한다. '심장이 열심히 뛰고 있네. 심장 덕분에 뇌에 에너지를 빠르게 공급받아서 더 말을 잘할 수 있겠다'

나는 과거와 지금이나 사람들 앞에 서면 똑같이 긴장을 한다. 하지만 긴장은 이로운 것이라는 믿음을 가진 이후부터는, 그런 자리에서 이야기하는 것이 비교적 수월해졌다. 발표력도 마찬가지로 개선됐다.

연습을 통해 발표력을 개선시킨 것이 아니다. 단지 사람들 앞에 섰을 때 일어나는 신체적 변화들, 즉 호흡이 가빠지고 심장이 빠르게 뛰는 것을 긍정적으로 받아들인 것밖에 없다. 긴장을 내 편으로 만든 것이다.

선천적으로 사람들 앞에서 이야기하는 것을 좋아하는 사람을 제외하면, 대부분의 사람들은 발표할 때 긴장한다. 이럴 때마다 스트레스에 대한 지식이 없었던 과거의 내가 그랬던 것처럼 '긴장하지 말자. 차분하게 하자'라며 자신에게 이야기한다면, 발표를 더 망치게 될 뿐이다. 마음을 진정시키는 행위에는 발표 스트레스가 발표에 해로운 것이라는 믿음이 깔려있기 때문이다.

반면 긴장으로 인한 신체적 변화를 긍정적으로 인식한다면, 그 스트레스가 오히려 힘이 되어 발표를 더 잘할 수 있다. 긴장되면 자신에게 이렇게 이야기하면 된다. '심장이 열심히 뛰고 있네. 심장 덕분에 뇌에 에너지를 빠르게 공급받아서 발표를 더 잘하고 위기 상황도 더 잘 대처할 수 있겠다.' 이렇게 믿으면 스트레스는 당신의 조력자가 될 것이다.

긴장하지 않은 상황보다 더 발표를 잘할 수 있을 것이다.

긴장을 그대로 받아들이는 게 발표에 도움이 된다는 한 가지 연구 결과가 있다. 하버드 경영대학원 교수 앨리슨 우드 브룩스는 한 가지 실험을 진행했다. 그 실험에서 그는 발표를 앞둔 사람들 중 일부에게 '나는 차분하다'라고 생각함으로써 마음을 진정시키고 신경을 안정시키라고 말했다. 나머지 사람들에게는 불안감과 긴장을 그대로 받아들이고 '나는 들떠 있다'라고 마음속으로 되뇌라고 일러줬다.

발표를 지켜본 사람들은 마음을 진정시키려고 노력한 사람들에 비해 긴장을 그대로 받아들인 사람들의 발표가 훨씬 설득력이 있고 확신에 차있으며 유능했다고 평가했다. 마음가짐에 한 가지 변화가 일어난 덕분에 그들은 긴장을 에너지로 전환시켜 더 좋은 성과를 거두었다.[30]

발표로 긴장될 때 최고의 전략은 마음을 진정시키는 것이라고 알려져 있다. 하지만 실상은 그 반대다. 긴장을 받아들이고 그 긴장을 이용할 때 비로소 발표를 잘할 수 있게 된다.

2시간 만에 인생을 변화시키는 방법

이번 챕터에서는 스트레스에 대해서 살펴보았다. 여기까지 읽은 당신은, 스트레스가 해롭다는 것은 사실이 아니라는 것을 알게 됐을 것이다. 그리고 스트레스를 받는 상황이 오면 이번 챕터의 내용이 떠올라 스트레스를 긍정적으로 해석하려 할 것이다. 그 결과로 더 좋은 성과를 거둘 것이다.

당신이 이번 스트레스 챕터를 읽는 데에는 길게 잡아야 2시간 정도가 걸렸을 것이다. 2시간을 사용해서 스트레스에 대한 올바른 지식을 쌓은 당신은 앞으로 스트레스 상황이 올 때마다 '스트레스는 이롭다'는 생각을 하며, 그 스트레스를 긍정적으로 이용하려 할 것이다.

이것이 바로 지식의 힘이다. 스트레스에 관한 지식을 알고 살아가는 사람과 모르고 살아가는 사람은, 지금 당장은 큰 차이가 없을 것이다. 하지만 1년 뒤에는 엄청난 차이가 벌어져 있을 것이다. 이 지식을 알고 살아가는 사람은 일상에서 계속 활용하면서 이득을 볼 것이기 때문이다. 이 두 사람의 5년 뒤는 어떨까? 이뤄낸 성취의 수준, 경제적 수준 등 모든 면에서 차이가 크게 벌어져있을 것이다. 이렇듯 한 가지 지식을 알고 살아가는 것만으로도 남들을 앞서나갈 수 있다.

스트레스의 관한 지식처럼 유용한 지식을 100가지를 안다면, 어떻게 될까? 그 지식들을 알고 남들과 똑같이 살아가기간 해도 다른 수준의 성취를 할 수 있을 것이다. 인생을 훨씬 쉽게 살아갈 수 있는 것이다.

이 책의 각각의 챕터에 들어있는 지식이 바로 그런 유용한 지식이다. 이 책을 읽고 나면 당신은 공부할 때 자동적으로 좀 더 효율적인 방식으로 공부하게 될 것이다. 그것만으로도 남을 앞서가기에 충분하다.

스트레스 받아!! VS 스트레스가 날 도와주고 있어

에필로그

에필로그라고 해서 간단한 끝맺음 인사를 할 것이라고 생각하면 큰 오산이다.

당신에게 마지막으로 하고 싶은 중요한 이야기가 있다. 사실 이 내용을 위해서 이 책을 썼다고 해도 과언이 아니다. 이 내용은 정말 중요하기 때문에, 책을 쓰는 것처럼 작성하지 않았다. 내 말이 잘 전달되었으면 하는 바람에서 말하는 것처럼 쓰려고 애썼다.

가장 중요한 이 내용을 맨 마지막인 에필로그에 넣은 이유가 있다. 이 내용을 이해할 수 있는 사람이 몇 명이나 될까 걱정했기 때문이다. 이런 내용은 지적 능력이 높고 추상적인 것을 이해할 수 있는 사람만이 받아들일 수 있다. 그런 사람들이 어디에 있겠냐고? 지금 여기까지 읽은 당신이 바로 그렇다.

대부분의 사람들은 공부법처럼 추상적인 개념으로 이루어져 있는 책을 끝까지 잘 읽지 못한다. 중간에 덮을 가능성이 높다. 여기까지 읽은 당신은 상당한 지적 능력을 갖춘 똑똑한 사람이다.

이 책을 중간에 덮지 않고 여기까지 읽은 똑똑한 당신에게 해주고 싶은 마지막 이야기가 있다. 이 역시 내 인생을 180도 바꾼 내용이다. 공부법에 대한 지식을 습득한 것이 내 인생을 1차적으로 바꿨다면, 지금부터 설명할 내용이 내 인생을 2차적으로 바꿨다.

인생을 쉽게 살아가는 원리에 대해서 이야기하고자 한다. 덜 공부하고 덜 일하고도 행복하게 살며 많은 돈을 벌고 싶은 사람들을 위한 이야기이다.

나는 프롤로그에서 하루에 4시간 미만으로 일한다고 했지만, 사실은 하루 2시간 정도 일을 한다. 그것도 7일 중 3일 정도만 일을 한다. 프롤로그부터 그렇게 쓰면 욕먹을 것 같아서 4시간이라고 올려서 썼다.

2시간 정도 일하고 남는 시간은 친구를 만나거나 데이트를 한다. 혹은 읽고 싶은 책을 읽는다. 하지만 회사를 다니는 사람의 평균적인 월급보다 훨씬 많은 돈을 벌고 있다. 성취와 행복도도 훨씬 높다. 한 마디로 인생을 쉽게 살고 있다.

자랑하는 것처럼 들렸다면 내 의도가 잘못 전달되었다. 자랑하려는 의도가 아니다. 자랑하기에는 세상에는 뛰어난 사람들이 너무나도 많다. 2시간 일하면서도 행복한 삶을 산다는 것을 당신에게 말한 이유는, 최하위권 출신도 인생을 쉽게 사는 법이 있다는 것을 알려주기 위함이다.

인생을 쉽게 사는 원리는 정말 간단하다. 양질의 지식을 많이 습득해 두는 것이다. 뻔한 소리라고 생각할지 모르겠다. 하지만 뻔하지 않은, 당신의 인생을 바꿀 수 있는 이야기일지도 모른다.

당신은 이 책을 통해서 공부 효율을 높이는 9가지 지식을 습득했다. 이 지식들을 5년 전에 습득했다면 어땠을까? 아마 현재의 상황이 달라져 있을 것이다. 10년 전에 습득했다면 어땠을까? 현재의 상황은 엄청나게 달라져 있을 것이다. 더 좋은 대학교를 졸업하고 더 좋은 직장을 얻고 더 높은 연봉을 받을 것이다. 단지 몇 년 전에 4시간을 들여서 9가지의 지식을 습득했다는 차이 때문에 말이다. 과거의 4시간이 현재의 인생을 송두리째 바꿔놓은 것이다.

한 가지 예를 더 들어보겠다. 당신과 똑같은 사람을 복제했다고 가정해보자. 그 사람의 이름을 A라고 해보자. A는 당신의 복제 인간이기 때문에 지적 능력, 지식 수준 등 당신과 모든 상황이 같다. 단 한 가지 차이만 있다고 하면, 그것은 이 책에서 습득한 9가지의 지식이다.

당신과 A는 5년 뒤 같은 삶을 살고 있을까? 10년 뒤 같은 삶을 살고 있을까? 완전히 다른 삶을 살고 있을 것이다. 왜냐하면 당신은 이 책에서 습득한 지식들을 공부할 때 조금이나마 사용할 것이기 때문이다. 여기서 이 책을 읽은 사람과 안 읽은 사람의 차이가 벌어지는 것이다. 5년, 10년 장기적으로 본다면 차이는 더 벌어져 있을 것이다.

인생을 쉽게 사는 원리가 바로 여기에 있다. 양질의 지식들을 많이 습득해두는 것이다. 그게 전부다.

이 책에서 얻은 9가지 비결과 같은 지식을 수천 개 가지고 살아간다면 어떨까? 그냥 시간이 지날수록 남들과 차이가 점점 벌어질 수밖에 없다.

당신이 할 일은 간단하다. 그냥 지식을 많이 습득해두는 것이다. 나머지는 자동으로 잘 풀린다.

이해를 돕기 위해 한 가지 예를 더 들어보겠다. 당신이 오늘 인간관계를 잘하는 방법에 대한 책을 4시간 동안 읽었다고 가정하자. 그리고 당신과 똑같은 능력을 갖고 있는 A는 그 시간에 누워서 TV를 봤다고 가정하자. 5년 뒤에 누가 인간관계를 더 잘 꾸리고 있을까? 당연히 당신이다. 그 책에서 얻은 몇 가지 지식은 이후에 계속 쓰일 것이고, 쓰일 때마다 격차는 더 벌어진다. 이렇게 지식을 갖고 살아가면, 자동으로 격차가 벌어져 남들을 이길 수 있다.

오늘 습득한 지식은 미래에 엄청난 차이를 일으킨다. 단지 4시간일 뿐인데, 미래가 완전히 바뀌어있는 것이다. '나비효과'라고 할 수 있다.

이 책을 읽는 누군가는 허황된 이야기라고 생각할지도 모르겠다. 하지만 지금 이 이야기는 당신의 무의식 속에 자리 잡게 될 것이다. 그리고 결국 1년 뒤에는 내가 했던 이야기가 무슨 의미인지 깨닫게 될 것이다.

그렇다면 양질의 지식은 어디서 습득할 수 있을까? 유튜브 영상, 인터넷 글 등이 있겠지만, 단연코 책이다. 책만큼 양질의 지식을 싸고 빠르게 얻을 수 있는 도구는 없다.

책을 읽어도 인생이 바뀌지 않는다고 생각하는 사람이 있을지도 모르겠다. 그렇다면 당신의 생각을 바꿀 한 가지 이야기를 하겠다.

결론부터 말하면, 책에서 읽은 지식은 사람의 인생을 변화시켜준다. 중요하니 한번 다시 말하겠다. 사람의 인생을 변화시켜준다.
그런데 그냥 변화시켜주는 것은 아니고, 은근슬쩍 몰래 변화시켜준다. 은근슬쩍 몰래 변화시켜준다는 말이 무엇일까?

책을 읽으면 사람의 사고방식이나 가치관이 달라진다. 하지만 본인의 사고방식과 가치관이 달라졌다는 것을 본인은 인지하지 못하는 경우가 많다.

'공부를 잘하는 방법은 없어'라는 가치관을 가지고 살아가던 사람이 있다고 가정하자. 이 책을 읽으면, 아마 '공부를 잘하는 방법은 존재해'로 가치관이 바뀔 것이다.

그런데 흥미로운 건 그렇게 가치관이 바뀐 사람도, 본인이 원래 '공부를 잘하는 방법은 존재해'라는 가치관을 살아왔다고 착각하는 것이다. 이것은 마치 애벌레가 나비가 된 후에, 나는 평생 나비로 살아왔다고 주장하는 것과 같다. 이런 이유로 사람들은 책을 읽어도 인생이 바뀌지 않는다고 생각한다. 그래서 책을 읽지 않는다. 100% 확신할 수 있는 것은 책을 읽으면 사람이 바뀐다. 다만 본인이 그것을 인지하지 못할 뿐이다. 책을 읽으면 인생은 자동으로 잘 풀린다.

책이 아닌 경험을 통해서 지식을 습득하면 되지 않냐고 생각할 수 있다. 하지만 당신은 10년 이상을 살아오면서 이 9가지 비결 중 몇 개를 경험적으로 터득했는가? 경험만으로 양질의 지식을 습득하는 건 시간이 너무 오래 걸린다. 백발노인이 되어서야 책 몇 권에 해당하는 양질의 지식을 습득하게 될 것이다. 이 차이는 람보르기니를 타고 달리는 것과 걸어가는 것의 속도 차이라고 할 수 있다.

인생을 놀면서 쉽고 행복하게 살고 싶은가? 그렇다면 책을 읽어라. 힘들게 살면서 불행하게 살고 싶은가? 그러면 경험에 의존해라.

당신이 에필로그를 여기까지 읽었다면, 당신은 이미 인생의 승리자가 되었다. 왜냐고? 똑똑한 당신은 이 에필로그를 읽으며 "인생을 쉽게 살려면 책을 읽어야 한다"라는 양질의 지식을 얻게 되었다. 이로 인해 당신은 책을 평소보다 더 읽게 될 것이다. 책을 1년에 한 권 읽는 사람이라면, 1년에 두세 권은 읽게 될 것이다. 그로 인해 이 에필로그를 안 읽은 당신의 복제인간 A와 당신의 차이는 엄청나게 벌어질 것이다. 그리고 세월이 지날수록 그 차이는 더 벌어진다.

축하한다. 이 에필로그를 읽은 것만으로도 당신은 이미 승리자가 되었다.

감사의 말

내가 혼자였다면, 나는 이 책을 쓸 수 없었을 것이다. 주변에 훌륭한 사람들이 있었기에 이 책을 쓸 수 있었다.

원고를 다듬어준 친구 민혁이에게 감사를 전한다. 민혁이가 원고를 다듬어주지 않았다면 이 책은 탄생하지 못했을 것이다. 민혁이는 책 제목을 짓는 데 많은 도움을 주었다. 민혁이가 없었다면 이렇게 멋진 책 제목도 나오지 못했을 것이다. 민혁이에게는 정말 감사하다.

유튜버이자 창업가인 라이프해커 자청님께 감사를 전한다. 자청님은 내 인생을 송두리째 바꿔 놓았다. 나는 1년에 책 1권도 안 읽던 사람이었다. 하지만 그런 나를 책을 하루라도 안 읽으면 안 되는 인간으로 바꿔 놓았다. 자청님을 알게 된 이후로 인생의 잘 풀리기 시작했다. 자청님이 없었다면, 이렇게 빨리 성장해서 책을 쓰지는 못했을 것이다.

20대 사업가 모임 유스풀의 모임 장 영가미(지성우)님께도 감사하다. 성우님은 나를 기버 성향으로 만들어주셨다. 또한 항상 내게 새로운 영감과 통찰을 주신다.

부모님께 감사하다. 두 분은 무엇과도 바꿀 수 없는 재산을 물려주셨다. 아버지는 내게 인내심과 자제력을 물려주셨다. 어머니는 내게 지혜로움과 현명함을 물려주셨다. 두 분께 이렇게 훌륭한 능력을 물려받지 못했다면, 이 책은 탄생할 수 없었을 것이다. 나는 정말 행운아다.

매형과 누나에게 감사하다. 이 둘은 누구보다 행복하게 살고 있으며, 내가 닮고 싶은 부부이다. 이제 두 살된 사랑스러운 조카 나봄이에게도 감사하다. 보기만 해도 행복해진다.

마지막으로 사업가적인 지식과 지혜를 주는 신무에게 감사를 전한다.

참고문헌

제1장
1) Ming-Zher Poh, 〈A Wearable Sensor for Unobtrusive, Long-Term Assesssment of Electrodermal Activity〉, IEEE TRANSACTIONS ON BIOMEDICAL ENGINEERING, 2010

제3장
2) 헨리 뢰디거, 마크 맥대니얼, 피터 브라운 지음, 〈어떻게 공부할 것인가〉, 와이즈베리, 2014, 14p
3) 헨리 뢰디거, 마크 맥대니얼, 피터 브라운 지음, 〈어떻게 공부할 것인가〉, 와이즈베리, 2014, 20p
4) H. L. Roediger & J. D. Karpicke, Test-enhanced learning:Taking memory tests improves long-term retention, Psychological Science 17(2006), 249-255

제4장
5) 안데르스 한센 지음, 〈인스타 브레인〉, 동양북스, 2020, 102~103p

제5장
6) 제레드 쿠니 호바스 지음, 〈사람은 어떻게 생각하고 배우고 기억하는가〉, 토네이도미디어그룹, 2020, 169p
7) 안데르스 한센 지음, 〈인스타 브레인〉, 동양북스, 2020, 95~96p
8) 안데르스 한센 지음, 〈인스타 브레인〉, 동양북스, 2020, 102~103p

제8장
9) 정봉오, 〈한국인 평균 수면시간 '6.3시간', 아·태 15개국 중 '꼴찌', 동아닷컴, 2016〉
10) 매슈 워커 지음, 〈우리는 왜 잠을 자야 할까〉, 열린책들, 2019, 168~169p
11) 매슈 워커 지음, 〈우리는 왜 잠을 자야 할까〉, 열린책들, 2019, 327~328p
12) 매슈 워커 지음, 〈우리는 왜 잠을 자야 할까〉, 열린책들, 2019, 326p

	13) 매슈 워커 지음, 〈우리는 왜 잠을 자야 할까〉, 열린책들, 2019, 197~200p
	14) 매슈 워커 지음, 〈우리는 왜 잠을 자야 할까〉, 열린책들, 2019, 200~201p
제9장	**15)** 존 레이티, 에릭 헤이거먼 지음, 〈운동화 신은 뇌〉, 녹색 지팡이, 2008, 23p
	16) 존 레이티, 에릭 헤이거먼 지음, 〈운동화 신은 뇌〉, 녹색 지팡이, 2008, 52p
	17) 존 레이티, 에릭 헤이거먼 지음, 〈운동화 신은 뇌〉, 녹색 지팡이, 2008, 68p
	18) 고영성·신영준 지음, 〈완벽한 공부법〉, 로크미디어, 2017, 290p
	19) 데이브 아스프리 지음, 〈최강의 식사〉, 앵글북스, 2017, 175~176p
	20) 데이브 아스프리 지음, 〈최강의 식사〉, 앵글북스, 2017, 171~172p
	21) 데이브 아스프리 지음, 〈최강의 식사〉, 앵글북스, 2017, 174~175p
	22) 스콧 애덤스 지음, 〈더 시스템〉, 베리북, 2020, 347p
	23) 〈해빗HABIT〉, 웬디 우드, 다산북스
제10장	**24)** NPR, 로버트 우드 존슨 재단, 하버드대 보건대학원이 실시한 미국인의 스트레스 부담에 관한 조사는 2014년 5월 5일에 2,505명의 응답자가 제공한 샘플을 이용해 진행됐다.
	25) Petticrew, Mark P., and Kelley Lee. "The 'Father of Stress' Meets 'Big Tobacco':Hans Selye and the Tobacco Industry." American Journal of Public Health 101, no. 3(2011):411-18
	26) 셀리에의 인용문은 다음 책에 실린 인터뷰에서 발췌했다. Oates Jr., Robert M. Celebrating the Dawn:Maharishi Mahesh Yogi and the TM Technique New York:G.P. Putnam's Sons, 1976

27) Keller, Abiola, Kristen Litzelman, Lauren E. Wisk, et al.(2011). "Does the Perception That Stress Affects Health Matter? The Association with Health and Mortality." Health Psychology 31, no. 5:677-84

28) Jamieson, Jeremy P., Wendy Berry Mendes, Erin Blackstock, and Toni Schmader. "Turning the Knots in Your Stomach into Bows:Reappraising Arousal Improves Performance on the GRE." Journal of Experimental Social Psychology 46, no. 1(2010):208-12

29) Dienstbier, Richard A. "Arousal and Physiological Toughness:Implications for Mental and Physical Health." Psychological Review 96, no. 1(1989):84-100

30) Brooks, Alison Wood. "Get Excited:Reappraising Pre-Performance Anxiety as Excitement." Journal of Experimental Psychology:General 143, no. 3(2014):1144-58

8등급 꼴찌, 수석 졸업하게 된 9가지 공부 비결

발행일	2021년 3월 31일	**발행처**	인성재단	
편저자	최근용	**발행인**	조순자	**편집·표지디자인** 송주연
주 소	경기도 파주시 산남로 11-11, 가동(산남동)			
전 화	070-7445-4351	**팩 스**	031-942-1152	

※ 낙장이나 파본은 교환해 드립니다.
※ 이 책의 무단 전재 또는 복제행위는 저작권법 제136조에 의거하여 처벌을 받게 됩니다.

정 가 15,000원   **ISBN** 979-11-91292-03-9